おいしく見える
器の選び方・使い方

器は自由に
おおらかに

中川たま

家の光協会

はじめに

器に興味を持ち始めたのは、
料理と真剣に向き合おうと思ったとき。
自分が作る料理には、どんな器が似合うのだろうか。
どんな器だと自分の料理を受け止めてくれるのだろうか。
切り離しては考えられない関係に、
頭でっかちになりすぎたときもあります。
完璧なコーディネートを求めたり、
流行りものに手を出したり。
しかし、何かしっくりくるものが得られませんでした。

それでも毎日料理を作り、器に盛り、
使ってみては感じることを率直に受け止めて
素直に好きと思える器を少しずつ買い足しました。
そして、子どものような柔軟な心で使ってみたのです。

たくさんの食材を調理したり、触れたりするように
器もまた、多くを見たり、使ってみることで
私にとって必要な、かけがえのない器を
迷いなく選べるようになりました。
とうとう、器を味方につけることができたのです。

料理は器で生かされ、また、器も料理で生かされる。
そんな信頼関係を築いていければ
きっともっと楽しませてくれるはず。
そしてその先に、食べてくれる人の笑顔を思い浮かべて
豊かな食卓をつくれればと思う。
今、手元にある器は、人が見れば同じように
見えるかもしれないけれど、１つ１つ
私の今までが染み込んだ愛しの器たち。
わが家の食卓に広がりを持たせてくれた器と
料理の出合いに感謝をして、日々、心と体に刻まれる食卓を。

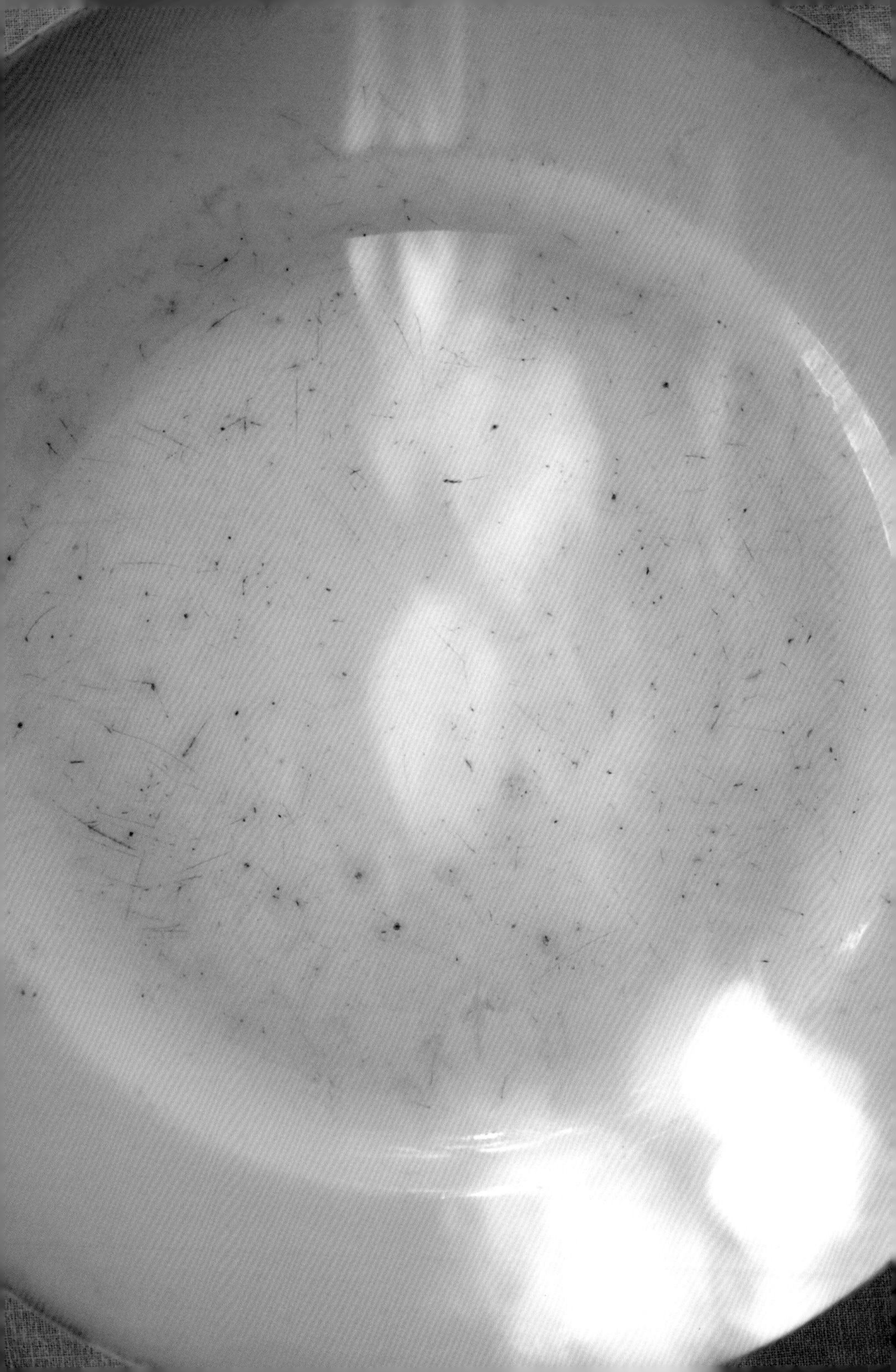

CONTENTS

002　はじめに

1　私の器選び

008　白い器が好き
012　おそろいでなくてもいい
014　古い器が愛おしい
018　大皿が1枚あれば
020　結局、料理が主役

024　column 1：器の収納［見せる収納で家族全員使いやすく］

2　私の器使い

026　大きい器…………………… 大きい器に盛るとそれだけでごちそう感
032　中皿 ………………………… 1人の食事やデザート、取り皿としても
036　中鉢 ………………………… わが家ならではの、楽しみ方いろいろ
040　オーバル皿 ……………… 使いやすさバツグン、さまざまなシーンに
046　角皿 ………………………… 1つあると食卓のアクセントに
050　スープ皿…………………… 汁物以外にも、ジャンルを問わず活躍
054　カフェオレボウル …… カフェオレだけでなく、お茶にスープに小さな丼に
058　小皿 ………………………… 取り分け皿もバラバラが楽しい
062　豆皿 ………………………… たれや薬味、ソースを入れて
066　ガラスの器 ……………… 気取って使っても、ラフに使っても
070　木の器……………………… 汚れてもいい。怖がらずに育てながら使いたい

074　column 2：グラスと湯飲み［飲み物だけでなく、デザートにも活躍］

3 道具も器

076 せいろ……………………… 1人の食事にも、湯気がくれる蒸す幸せ
078 ざる…………………………夏の食卓にもぴったり、ぬくもりのある道具
080 カッティングボード……おもてなしにも活躍、古い木の風合いが好き
084 すり鉢………………………そのまま食卓へ出せる、心を和ませてくれる鉢
086 耐熱皿………………………グラタンや焼き菓子に。使えば使うほど味が出る
088 土鍋…………………………オールシーズン食べたい鍋料理は、どんと構えた迫力ある鍋で
090 パエリアパン……………お好み焼き、オムレツ、カステラ……小さめサイズがかなり使える

092 column 3：弁当箱［3タイプを料理に合わせて使い分け］

4 器のある1日

094 朝ごはん…………………大きなお皿にたっぷりパンを盛り合わせて
098 昼ごはん…………………お弁当の残りをトレーにまとめて定食風に
102 ティータイム……………普段使いの器もおもてなしに
106 晩ごはん…………………中華だって和洋食器を取り交ぜた、自由な盛りつけで

110 column 4：カトラリーと箸［出合いを大切にそろえる楽しみ］

5 私の好きな器のお店

112 アンティークショップ／ antiques tamiser アンティークス タミゼ
114 骨董市／大江戸骨董市
117 イベント・ネットショップ／ ATELIER303・友栄堂・le trot・ATLAS
118 SHOP LIST

RECIPE

018 ハニーピクルス →p.122
020 空豆とチーズの春巻き →p.122
028 甘えびとクレソンの白和え →p.122
030 ホエー漬け豚のサムギョプサル →p.123
031 あじのフリット プラムのサルサソースがけ →p.123
034 卵とブロッコリーのサラダ →p.124
034 洋梨とセロリのマリネ →p.124
035 ブルーベリーとチェリーのヨーグルトアイス →p.124
038 牛すじと冬瓜の煮込み →p.125
039 あおさの茶碗蒸し →p.125
042 アスパラのミモザサラダ →p.126
044 ヨーグルトスコーン →p.126
048 漬け物ぎょうざ →p.126
049 柚子ゼリー →p.127
052 えびワンタン →p.127
053 桃とラズベリーのスープ →p.128
053 アボカドディップ クラッカー添え →p.128
068 ベリーと白ワインのゼリー →p.128
069 玄米ちらし寿司 →p.129
072 レモンとアーモンドのパスタ →p.129
072 いちごとかぶのナムル →p.130
083 ジンジャーブレッド →p.130
085 青菜のカシューナッツ和え →p.131
087 カリフラワーのドリア →p.131
091 サーモンとじゃがいものガレット →p.131
096 ズッキーニと卵のサラダ →p.132
096 かぼちゃのポタージュ →p.132
100 さわらのねぎソース →p.133
104 ビスキュイサボワ →p.133
104 フルーツのビネガーマリネ →p.134
108 豚肉と豆腐の黒酢煮込み →p.134
108 刺し身ときゅうりのすだち和え →p.135
108 あさりと桜えびの焼きビーフン →p.135

1

私の器選び

使いやすさだけではない、
愛しく、育みたくなるものを探すのが
私の器選びのルール。
白い器や大きな器が大好きですが、
何より「料理を盛りたい」という
気持ちをいちばん大切にしています。

白い器が好き

いろいろな白を楽しむ

わが家に来た方たちは台所まわりを見渡して
白い器が多いねーとみなさん、口々に言われます。
自分では、せっせと白い器を集めている気はなく
気になるものを買い求めている間に
いつしか気づいたら白い器ばっかりになっていたのです。

家族からも「似たような白い器をまた？」
と小姑のようにチェックが入りますが、
言わせていただくと「白っぽい器」でしょうか。

白と一口にいっても器の世界には
さまざまなバリエーションの白が存在します。
和食器の磁器のように透き通る光沢のある青白いもの、
グレーがかった白、アイボリーのような白、
そして土の風合いが醸し出すマットな粉引きの白。

磁器の多い洋食器の白も窯や年代によってさまざまで、
白の中にも奥行きが生まれてきます。
レストランの皿のように清潔感のある真新しい白や
長年愛用してる間に色が入り込んだ
やわらかいベージュに近い白色など……。

1枚ずつ見るとわかりにくくても、
何枚か重ねたりして比べてみると、
同じ白でも違いがあることに気づきます。

知れば知るほど少しずつのニュアンスの違いに
個性を感じ、心を揺さぶられ、
いつからか白い器の虜《とりこ》になってしまっているのでした。
これからも白い器との出合いを楽しみ、
そして、その器に似合う料理を作っていきたい。

おそろいでなくてもいい

娘が大学生ともなると、ちょっと頑張ってお招きしたり、
お招きいただいたり、という子どもがらみのつき合いが
ほぼほぼなくなり、人見知りの私にとっては
人とのつき合いが楽になりました。
今、お邪魔させてもらったり、お招きしたりする方は、
気が合い、価値観など、どこか似てるところのある人が多く、
気兼ねしないつき合いを楽しませてもらっています。
おつき合いのある方の中で、器を多くそろえて持っている方は
いらっしゃらなくて、類は友を呼ぶ?!と思うこともしばしば。
気取っていないけれど、器使いに遊び心やひとひねりがあって、
家に伺うと、とても楽しいし、刺激になります。
料理にも人柄が出ますが、器使いにも出るんですね。

自分自身も編集者さんから
「器って、そろってなくていいんですねー」と言われるまで、
そろっていないことにあまり気づいていませんでした。
そしてそれが、この本を作るきっかけに……。

若いころは、いろいろな器に手を出し、冒険をしたものの、
それぞれテイストが違って使いにくかったり。
もちろん、そろえたほうがいいかなと
そろえたものもありましたが、
流行りや頭だけの知識で買ったものは、わが家の食事情には
合わなくて、結局使わずじまいということもありました。

何もかも力が入っていた若いときを経て
月日を重ねていろんな経験をし、いろんなものを見て、
何が自分に必要か、少しずつわかってきたのですかね。

いいんですよー、そろえなくても。今の私だから
そろえなくても気持ちよく、バラバラで使えるのかも。

おもてなしのお菓子のお皿もバラバラ。
上：「BRIKIKKA」で見つけたイギリスのアンティーク。3000円くらい。20×14×高さ2cm。
中：「アンティークス タミゼ」で買ったフランスの皿。12000円くらい。径20.5×高さ2cm。
下：岸野寛さん作。アンティークに見えるくらい、好きで使い込んだ皿。径18.5×高さ2cm。

古い器が愛おしい

ずっと使い続けたい

料理に興味を持つようになってから
器にも興味がわいてきました。
20代のころは、都内に住んでいたこともあって、
アンテナを張って、新しいものを探して背伸びをして
頑張っていた気がします。
結婚し、出産して、娘が小さかったときは、
自分の時間をやりくりして、作家さんの個展や、
掘り出し物を探しに骨董市や蚤の市へ行っていました。
子育てで自由な時間が限られているときだからこそ
本当に好きなものを見たい、好きなことをしたいと探求し、
料理やお菓子を研究したり、本や雑誌を見て
自分の好みのものを少しずつ集めていました。

そして、子育てがほぼ一段落した今も
変わらず好きでい続けるのは古い器。
私が心奪われるもの、ひかれるもの、手に取るものは、
ピカピカの器ではなく、縁が欠けてしまっているものや、
何かの拍子にぶつけてしまったひびや
それをついだような跡があるもの、
ずっと使っているうちに染み込んだ貫入《かんにゅう》（細かいひび模様）
があるような、ふたつとはない表情のある古い器です。
物が少ない時代に大事に直して使っていた器は
いろんな時代を経てもなおチャーミングでおおらかな容姿。
今の便利で物のあふれている時代でも、
まだまだ充分に魅力を発揮してくれます。
これからも大事にしながら毎日使い続けたいと思う
器たちです。

以前、横須賀にあった「GARAGE」というアンティークショップで7500円くらいで買いました。貫入や欠け直しが絶妙で、なんだか絵になりそうと思った1枚。径24.5×高さ3cm。

大皿が1枚あれば

家族の構成や嗜好、毎日の暮らしのルーティンによって
あれば助かる、活躍する器は、おのずと変わってきます。
器を選ぶときに、自分の暮らしをいま一度見直すと
必要な器や枚数がわかってくるかもしれません。

わが家は主人と大学生の娘と私の3人家族。
最近は休日でもそろうことが少なくなってきましたが、
そろうと大皿に料理を盛りつけ、お皿に好きなように取って
いただくことが多いので、大皿と銘々の取り皿を用意します。
取り皿も、味が混ざってもおいしいものは大きめを
1枚用意します。娘が小さかったときもこのスタイルです。

平日の夜はなかなかそろわず、汁物や煮物は鍋に入れて、
それ以外のおかずは大皿に盛っておいて、
そこから取り分けて出します。
夜は私以外、お米もいただかないので、ごはん茶碗1つに
人数分の取り皿と大皿を用意しておきます。

個々にいただきますが、なんでしょうか、
大皿に盛ると同じものを食べているということが、
家族としてつながっているような
温かみを感じられて好きなのです。
そして大皿はごちそう感をアップしてくれ、
普通なら副菜になりがちなものもメイン級に
引き上げてくれるので大助かりです。
わが家では、3人家族でもいつも大皿を中心に
食卓がまわってる気がします。

副菜のピクルスも、大皿にたっぷり盛れば主役級
の存在感！　オーバルの大皿は「アンティークス
タミゼ」で10000円くらい。34×25×高さ3cm。
（ハニーピクルス →p.122）

結局、料理が主役

骨董市で6000円くらいで買った、オクトゴナルプレート（八角皿）。かわいいケーキよりも、ラフに春巻きを盛りつけるのが好き。25×25×高さ2cm。

（空豆とチーズの春巻き → p.122）

おいしく見えればそれでいい

人から質問を受けることによって、自分の人となりや、
好みを改めて知ることがあります。器についてもそう。
「この料理にはなぜこの器にしましたか？」と
質問されることがあります。
理論的に、「こうだから」と
私は、いつもすぐに返答ができません。

ただ、大事な食材をどうおいしく調理しようかと
考えるときに、いつも両手で包み込むような
イメージがわいてきます。
そして、この両手で包み込んでいるイメージを
器に置き換えるのがよりおいしく見えることかな？と
常々考えています。

だから、「よりおいしそうに見えるから」という答えが
いちばん近いのかもしれません。
そして、料理ができ上がったときに頭に浮かんだ器、
この器で食べてみたいという直感も大事にしたい。
自分を信じて、とりあえず使って使って
料理との関係を築いていければ
器と料理が手を取り合って、
おのずと描いていた一皿になってくれることでしょう。

料理があってこその器、
器があってこその料理、
どちらも……。

レトルトのカレーだって、お気に入りの器で食べれば気分が上がる！　骨董市で見つけた、初めて買ったアンティークのオーバル皿。5000円くらいでした。28×20×高さ3cm。

見せる収納で家族全員使いやすく

わが家には大きな収納棚がないので、家族にもわかるように何か所かにおおまかに分けて器を収納しています。

よく使う和食器は、主人が昔拾ってきた棚で、扉は娘が小学生のときに側転をして割ったので、オープン棚として使っています。

洋食器のスープ皿や中皿は、骨董屋さんで買った鉄のワゴンに積み重ねて、小さな器はチェストの上に重ねて置いています。お弁当箱や保存瓶など日常的に使うものも、台所のカウンターに収まるように主人に作ってもらった棚に入れています。グラスなどは、華奢で少々怖いので扉のついた棚に。ただし、透明感や統一感があるのであえて隠さず、ガラス張りの扉の棚に収納しています。

わが家では、家族みんなが料理をすることもあるので、しまっておくより、どこに何があるかわかりやすいこの方法が合っているかもしれません。ただ、ごちゃごちゃとあまり雑多にならないように、色や形など不ぞろいすぎるものは、引き出しのあるチェストにしまっています。

2

私の器使い

毎日のなにげない食事を豊かに演出してくれる器。
器それぞれの個性を生かして
料理を盛りつけるのも楽しみの１つです。
使い方にとらわれず、
好きな器に自由に盛ることで、
私の料理は成立している気がします。

大きい器

大きい器に盛るとそれだけでごちそう感

なにかの集まりでお客さまがいらしたとき、仕事でも、料理教室や撮影のまかないなどでもよく使う大皿。

来客で大皿が活躍するのは間違いないのですが、普段の3人家族の食卓でも、わが家は大皿へ盛り、各自好きな分を銘々皿に取り分けていただきます。

だからといって、いつもごちそうをこしらえるわけではありません。盛りつけるのは、いつもと変わらないおにぎりや普段着のおかずたち。だけど大皿のどんとした存在感が、ありがたいことにちょっとしたいつものおかずをなんだか華やかに、たいそうなものを作ったかのように見せてくれます。

大きい器には、父のような、いつも見守ってくれながら優しく包み込んでくれる動じないところと、母のような安心感さえも感じさせてくれるところがあり、いつものわが家の簡素なおかずを助けてくれるありがたい存在です。

いつもわが家でよく使う大皿も、ヨーロッパのアンティークのものや、日本の古い石皿など、ひびがあったり、貫入があったりする、のびやかな白やベージュ色のものがほとんど。そのおおらかな大きなお皿は、国籍やジャンルを問わず、さまざまな料理に合うような気がします。

盛りつけもお楽しみ！　大きなキャンバスに絵を描くように、色を重ねるように自由に……。

銘々皿はシンプルなものにし、大皿に一点もののような、アンティークやニュアンスのあるものを選んで冒険してみると、取り入れやすく、食卓が変化していいかもしれません。

「アンティークス タミゼ」で9000円くらいで購入。細めのリム（縁）のデザインにひかれました。大胆に割れていて、店主が継いだ跡がなんともよく、この跡を生かした盛りつけをしたいと思った器です。径28×高さ5cm。

余白を生かした盛りつけが楽しい

白和えごろもの上に甘えびのお刺し身とクレソンをのせ、食卓で和えて仕上げます。器の真ん中にちょこんと盛りつけるのがいつものスタイル。
(甘えびとクレソンの白和え
→ p.122)

おにぎりもごちそう風に

炊きたての黒米を梅塩(梅酢から作った塩)でにぎって小さなおにぎりにし、器に積むように盛り、お漬け物を添えます。おにぎりが華やかなおもてなしに。
(黒米の梅塩おにぎり)

大きい器は和え物やサラダを食卓で仕上げられる
ところも使い勝手がよく、重宝しています。

存在感のある石皿は肉料理に

日本の古い石皿。友人2人とおにぎりのケータリングをしていたときに、1人が同じような皿を持っていて、私も欲しいなあと思っていたら、骨董市で見つけました。値切って5000円くらいで購入。淡いベージュが肉料理にぴったり。径34×高さ4.5cm。

(ホエー漬け豚のサムギョプサル → p.123)

華やかな料理を引き立てる淡い白

「ATELIER303」で12000円くらいで買ったアンティーク。カバー、p.3でも使用。シミやナイフの跡で昔のヨーロッパの人たちの生活を思い描くことができるような1枚。径31.5×高さ4cm。
(あじのフリット プラムのサルサソースがけ
→ p.123)

中皿

１人の食事やデザート、取り皿としても

毎日そして毎食のように、なにかと手に取ってしまう中皿。朝はトーストやフルーツをのせたり、昼はちょこちょこっと昨日の残りものを盛り合わせてワンプレートや、さささっと作ったパスタをのせたり。夕方の休憩には好きなおやつを、晩ごはんには、大皿に盛ったおかずの取り皿として。締めのデザートにも……。

１人分の食事やおやつにはもちろんですが、取り皿としても使えます。

そろったものを買ったほうがいいですか？とご質問いただいたことが何度かあるのですが、とくにそろえるということはしていません。あっても同じものを２枚くらい。わが家では、貫入や欠けがあるフランスのアンティークで、比較的シンプルな白いものが多いです。色や形がある程度統一されていれば、そろっていなくても、なんとなくまとまりが出るように思います。

日常的に使える器だからこそ、小さな違いも楽しみたい中皿。厚みの違いやリムの幅の広さで雰囲気がぐっと変わってきます。

薄かったり、リムが広いと少し繊細な印象に、厚めで、リムが狭いとぐっとカジュアルな印象になります。

盛りつけは余白も楽しみたいものです。てんこ盛りもおいしそうですが、余白を多めに盛りつけると上品に見えて、レストランの料理のようになります。

何枚持っていても困らない中皿。きっと活躍してくれるはず！　そう自分に言いわけをして、またお気に入りを見つけると、買ってしまいそうです。

「友栄堂《ともえどう》」のイベントで12000円くらいで買ったフランスのアンティーク。同じような大きさの皿がいくつも重なっていた中で、とくに目を引いたお皿でした。径22.5×高さ２cm。

ワンプレートで手軽なランチに

1人分の軽い食事を盛るのにちょうどいいサイズ。
(卵とブロッコリーのサラダ、
洋梨とセロリのマリネ → p.124)

スイーツを際立たせる盛りつけ

デザートは余白を生かした盛りつけが好き。
(ブルーベリーとチェリーのヨーグルトアイス
→ p.124)

中鉢

わが家ならではの、楽しみ方いろいろ

深さのある中鉢は高さがある分、冷めにくくて、温かい料理がやっぱり似合う。温度の高い丼や汁物にも使うので、少し厚みがあり、わが家の器の中でもどこか優しい印象のものが多いです。そして、やはり白っぽいものがほとんど。

中鉢の中でもとくに気に入っているこの輪花形の中鉢は、娘の好きな卵とじうどんや韓国の辛いラーメン、主人の好きな厚揚げや牛すじの煮物などをいつも盛っている、わが家の日常に組み込まれている器です。

そういえば母が､小さなお碗の茶碗蒸しではなく､丼になみなみと入った茶碗蒸しをよく作ってくれていたせいか、私も丼サイズの茶碗蒸ししか作ったことがありません。

蒸しパンもそう。朝ごはん用のパンがないときに、いつも丼で大きな蒸しパンをふかして作ってくれていたので、蒸しパンは大きく作るものとすり込まれていて、小さな蒸しパンも作ったことがない。

だとすると、わが家にも中鉢の定番の使い方があって、娘もいずれ私のように使っていくのかも……。

そう考えると、中鉢は嫁入り道具にもありかなと思っています。

帰省すると必ず立ち寄る、神戸の「草灯舎」で買った安藤雅信さんの器。お店のディスプレイから器を大事にしていることが伝わってきて、この店にあったからこそ連れて帰ってきたもの。深さを生かして、食べる前の菜の花を生けてみました。8000円くらい。径16.5×高さ8.5cm。

煮物を温かく、おいしく

温かい煮込みを煮汁ごと盛りつけて。冬瓜の淡い
色を引き立ててくれます。
(牛すじと冬瓜の煮込み → p.125)

器ごと蒸して、熱々を食卓へ

母ゆずりの大きな茶碗蒸し。スープ感覚でいただける、トロットロの食感に仕上げます。
（あおさの茶碗蒸し →p.125）

オーバル皿

使いやすさバツグン、さまざまなシーンに

わが家でオーバル皿が食卓にのぼらない日はないくらい、困ったときはオーバル皿！と、いつも頼っております。

オーバル皿と一口にいっても、大きさや楕円のカーブによって、使い方を少しずつ変えています。わが家では小さいもので長さ10cmのものから、大きいものだと50cmくらいのものまで取りそろえています。

小さい10cmのものは、アンティークの昔のウェッジウッドのもので、フランスでおままごとに使ってたものだそう。1人分の調味料を入れるのにちょうどいいサイズです。

20cmくらいのものは、朝、フルーツやひと切れのカンパーニュを盛ったりして、あわただしくキッチンでパクッと食べたりするときや、打ち合わせに小さなお茶菓子を添えたりするときによく使います。

30cm前後のものは本当に万能で、1人分のパスタやカレーを盛ったり、あるいはシェアするサラダなど、1人でもみんなでもと大活躍です。頭と尾がついたまるまるの魚のような細長い形のものも、この大きさならぴったりと収まります。トレーのように使うこともあり、事務仕事や原稿書きのときには、ころんとしたおやつと少なめの飲み物を一緒にのせて、眠くならない程度のひと休みの楽しみにしています。

50cmの大きめのものは、ダイナミックなメインの料理はもちろん、おつまみや前菜を少しずつ盛ったりするのも好きな使い方。話が弾み、お酒も進みます。

オーバル皿は、何を入れても様になる万能皿なので大、中、小とそろえてみてはいかがでしょうか？

「アンティークス タミゼ」で見つけて、このサイズは持っていないかも?!と思い持ち帰ると、同じサイズをすでに3つ持っていました……。それだけこの大きさは使い勝手がよく、目を引くのでしょう。フランスのアンティークで15000円くらいで購入。31×21.5×高さ3cm。

アスパラが主役級のごちそうに

アスパラの長さを生かした盛りつけが楽しい。春らしい色合いのサラダです。
（アスパラのミモザサラダ →p.126）

丸ごと盛るのがおいしい魚のグリル

かますに塩、こしょうをふり、おなかにタイムやイタリアンパセリなどのハーブを詰め、オリーブオイルをかけて190℃のオーブンで15分ほど焼きます。
(かますのハーブオーブン焼き)

トレー風に使っても楽しい

カップも一緒に盛った、小さなおやつセット。骨董市で見つけたこの皿は、初めて買ったアンティークのオーバル皿。p.23でも使用。この1枚からオーバル好きが始まりました。5000円くらいで購入。28×20×高さ3cm。
(ヨーグルトスコーン →p.126)

パーティーでも大活躍の盛り合わせ

パテやオリーブ、チーズやナッツ、フルーツなどを盛り合わせて。ポワゾン皿と呼ばれる大きな魚がまるまる入るこの皿は、魚はもちろん、オードブルやおやつの盛り合わせなどに使える遊び心のある1枚。「友栄堂」のオンラインショップで8000円くらい。50×19×高さ4.5cm。
（ワインのおつまみ盛り合わせ）

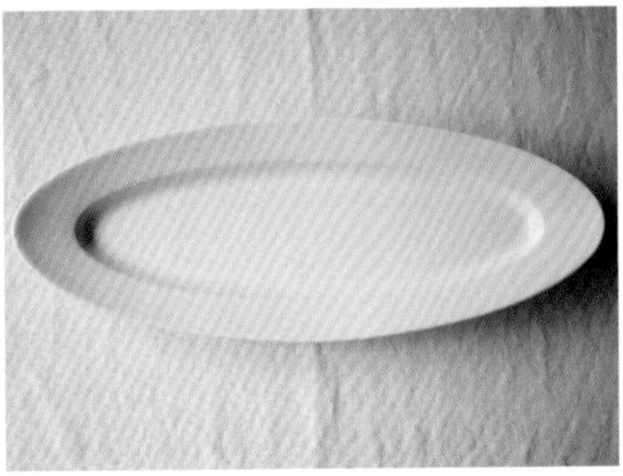

角皿

1つあると食卓のアクセントに

角のないまあるい器が、曲線から生み出されるやわらかく調和がとれるイメージだとしたら、角皿は芯のある、なにごとにもぶれない凛としたイメージです。

一見、普段使いには不便そうな器ですが、そこにあるだけで決まってしまう、かっこいい器を使わない手はありません。考えすぎて頭でっかちになってしまうと、お客さまがいらしたときのおもてなしにしか使わず、よそゆき仕様になって戸棚にしまっておくことになるので、ポンッと軽い気持ちでのせてみましょう。汁物は無理ですが、それ以外の炒め物、乾きもの、デザートなど、わりと何でものせています。

わが家にあるのは、高台のないまっ平らなもの。大小サイズの、いずれも日本のものです。小さいものは1人分のおやつに、大きいものはぎょうざや焼いたししゃも、乾きものなど、家族で取り合うものに。サイズで用途は違ってきます。

また、盛る料理によって、角皿はいろんな表情を見せてくれます。丸い料理や、やわらかい食材を盛りつけると輪郭がはっきりと出ます。パウンドケーキ、ようかん、パテやテリーヌなど角のある料理は、角皿と一体感が生まれます。

和菓子屋さんや器屋さんでかっこよくディスプレイされているのを見て、いつか自分も！と思っていました。あられを盛ったりして、構えず気楽に使っています。
上：「KOHORO」で5000円くらいで購入しました。22×18.5×高さ0.5cm。
下：喜多村光史さん作。以前鎌倉にあったお店で5000円くらいでした。15×15×高さ1cm。

大きい角皿には小さめのぎょうざを盛って

ぎょうざと角皿、よく合うんです。わが家では定番の使い方。酢とみそを合わせたたれにつけて食べるのが好きです。

(漬け物ぎょうざ →p.126)

小さい角皿は1人分のデザートにぴったり

小さい角皿はデザートに。柚子のかわいらしい丸さや立体感が際立ちます。
（柚子ゼリー →p.127）

スープ皿

汁物以外にも、ジャンルを問わず活躍

平たい中皿よりも深さがあり、リムが強調されるスープ皿。鉢ほどは深さがない分、視界が広く、どんな料理も立体的になり、主役級になって目を引きます。一皿に込めた思いが伝わるようなたたずまいです。

もともとなにごとにもあまりジャンルにとらわれたくないので、和皿だからとか、和風の料理、洋風の料理だからとかをあまり考えたことがありません。なにげなく盛ったものが意外にマッチして、そのまま料理とお皿の定番の組み合わせになったものが、わが家にはわりとあります。

家族に作る料理の場合、毎回そうそうコーディネートを考える悠長な時間もなく、たとえばえびワンタンもそう。近くにあったアンティークのスープ皿にポンッと、とりあえず入れてみたら、なんだかすごくいいじゃないですか。ということで、わが家ではえびワンタンにはスープ皿が定番に。おいしく見えるというのは、とても重要なことの１つです。

出てきたときのワクワク感と、これから繰り広げられるであろうお皿の中の物語みたいなものを期待させてくれる器というのは、料理の作り手としても、食べる側としてもありがたい存在です。だからよくスープ皿をどんな料理にも使うのかもしれません。

ここぞというときに使いたい器です。

「アンティークス タミゼ」で6000円くらいで購入。数あるスープ皿の中から、１つずつ、上から見たり、真横から見たり、持ちやすさを感じたりして、選んだ1枚です。もちろん、シチューにもよく使います。本当に料理によってさまざまな顔を見せてくれる器。径22.5×高さ4cm。

料理によってさまざまな表情に

洋皿ですが、中華料理にも。懐の深い器なのです。
(えびワンタン →p.127)

きれいなピンクが映える白

普通にスープ皿として使っても、もちろん素敵。
(桃とラズベリーのスープ　→ p.128)

スープ以外にも使い方いろいろ

平皿に盛るより、雰囲気ある表情に。
(アボカドディップ クラッカー添え　→ p.128)

カフェオレボウル

カフェオレだけでなく、お茶にスープに小さな丼に

名前や由来のとおり、カフェオレには最適ですが、このシンプルなたたずまいに、お茶碗を一回り大きくしたサイズは、実はとても使い勝手がいいのです。

きっかけは、数年前。友人が営む横浜山手にあるパン屋「ON THE DISH」では、カフェオレに限らず、紅茶やルイボスティーなど茶葉だけの透き通ったティーも大きめのカフェオレボウルで出てきました。おいしいパンにたっぷり注がれたお茶の光景が、ポットとティーカップと違ってとても新鮮だなーと思いました。口が広くて飲みやすいし、たっぷりカジュアルに飲めるし……。

固定観念や目線を少し変えると、お茶だけでなくいろいろと使えるのではと思い、「ON THE DISH」で取り扱っている岡田直人さんのカフェオレボウルをすぐさま購入しました。やはり、わが家にはちょうどよかったです。

ヨーグルトにたっぷりの果物を加えた朝食。アイスクリームといただきもののクッキーに少し余ったジャムで気取らないパフェ。丼ほどごはんがいらないときの小丼。1人分の麺を娘と半分こするとき。ハーフセットのような食事にももってこい。スープもまた、スープ皿に入れるのと表情が違います。

わが家では、いつでもすぐ使えるように、手の届く位置にスタンバイさせています。同じものでなくても、家族の人数分そろえたい器です。

「ON THE DISH」で1個5500円くらいで購入しました。岡田直人さん作。岡田さんのカフェオレボウルは少しずつ変化しているので、買った年によって大きさが微妙に違います。1人のティータイムは、ティーバッグでカジュアルに、たっぷりお茶を楽しみます。径14.5×高さ9cm。

ミニ丼にちょうどいいサイズ

ごはんに釜揚げしらすとみょうが、実山椒、すだちを添えて。しょうゆをたらしていただきます。小腹がすいたときにちょうどいいサイズ。
(しらす丼)

具材の少ない汁麺にも使いやすい

だし汁を酒、みりん、薄口しょうゆで味つけし、ゆでたそうめんを加えてとろみをつけ、おろししょうがをのせて。
（しょうがあんかけにゅうめん）

小皿

取り分け皿もバラバラが楽しい

きっとみなさんがいちばん枚数を持っているであろう小皿。

大皿に比べると手も出しやすく、魅力的なお値段設定。また、和食器も洋食器もバリエーションが多く、取り分け皿としてや、お菓子やフルーツをのせたり、1人分の料理を少しずつ盛ったりと、何かしら重宝します。

私も十分持っているのに、好みのものを見つけてしまうと、あっても困らないと言い聞かせ、やはり買ってしまう小皿。洋のものもありますが、このサイズは和のものが多いです。

お客さまがいらしたときのためにまとまった枚数をそろえていたり、家族分で同じものを持っている方も多いと思います。……が、わが家は小皿もまちまち。

そろえてもせいぜい2枚でしょうか。家族3人の取り分け皿として使うときは、みなバラバラか、2人が一緒で1人が違うときもあります。そういうときは、色が近いものにしたり、質感が似ているものにしています。そうすると、そろえていなくても食卓の統一感は生まれてきます。

和食器でも洋食器でも、色、質感や厚みなどニュアンスが近ければ、一緒に使うのもありだと思います。いつも私はそこまで気にしないで使いたいものを使い、盛りつけたいものを盛りつけますが、小皿はとくに自由度の高い使い方ができる器です。

和皿、洋皿取り交ぜて使っています。取り分けにちょうどいいサイズ。全部違うお皿ですが、食卓では意外と心地よくマッチします。
上右：「手音」で買った、喜多村光史さん作のもの。3500円ぐらい。径16×高さ2cm。
残り3枚は友人のフリマで手に入れました。
上左：径14×高さ3.5cm。
下右：径15.5×高さ2cm。
下左：径14×高さ2cm。

トーンが合えば、食卓がまとまる

ゆでた枝豆をごま油とラー油で和えた一品。p.58の上の2皿に取り分けました。
（枝豆のラー油和え）

小さいお皿でかわいい朝食セット

p.58の下の2皿を使って。パンとフルーツヨーグルト、ささっと食べたい朝食は小さいサイズのお皿がちょうどいい。
（朝食セット）

大皿に盛った料理を小皿に取り分ける、
いつものわが家のスタイル。

豆皿

たれや薬味、ソースを入れて

だれかと買い物に行くとその人に影響されることはありませんか？

知人と一緒に買い物に行ったときのこと。私は、どちらかというと最初に大きいものに目がいきがちで、最後に小さいものに目が留まる傾向があります。ところが、その知人は私とは真逆に、手のひらにのるくらいの小さな豆皿から見始め、1つずつていねいに見ていくのです。一緒に買い物をしたおかげで、きっといつもだと見逃してしまいそうな小さな宝物に出合えました。知人は大きいものを珍しく購入した、と言っていました。2人の相乗効果ですね。

やはり小さいものをよく持っている彼女。豆皿は何に使うの、と聞いてみたら、薬味でしょ、たれやちょっとつけたいときの調味料でしょ、お漬け物やおやつのあられとか……あと、お客さまが来たときに箸置き兼小さな取り皿にもなるよ、と。なるほど、箸置き。よいことを聞きました。それから、私も集まりでたれなどを個々で使うような場合には、豆皿を最初に箸置きにしてお出ししたりしています。

豆皿もわが家は気に入ったものがあるとそれぞれ持ち帰るので、みなバラバラ。収納は、重ねられるものは昔、現像に使っていた四角い白磁の古い器に入れ、重ねにくいものは、ざるに立ててラフに出し入れしやすいようにしています。

豆皿は和でも、洋でも、形を楽しみたい。
いちばん上：輪花皿はいただきもので、村田森さん作。径9×高さ2.5cm。
上から2番目：以前鎌倉にあったお店で1500円くらいで買いました。岸野寛さん作。p.30でも使用。径9×高さ3cm。
上から3番目：「手音」で1500円くらいで購入。山本拓也さん作。9.5×9.5×高さ2cm。
いちばん下：「うつわ祥見」で1500円くらいで購入。寒川義雄さん作。径9×高さ2cm。

薬味や柑橘類を盛って

おそばやおうどん、鍋のお供に。いろいろな形で
食卓が楽しくなります。
（和の薬味）

ジャムやオイルを入れても

パンやお肉に添えて。1回分のジャムやオイルを入れて出すのにとても便利。
（洋の薬味）

ガラスの器

気取って使っても、ラフに使っても

透き通ったガラスの器は、料理をいっそうキラキラと輝かせてくれ、張りつめた空気感や壊れそうな華奢なはかなさが食卓を品よくしてくれます。

クリアなガラスの器は、食材の表情や色がよく見えるので、カラフェのような片口のガラスの器には、ハーブティーやきれいな色のお茶やレモネードなどを入れるといっそう美しく、水を得た魚のような姿にハッとします。

鉢のようなものには、果物などを入れて食べるまでしばし眺めています。今もいただいたレモンを鉢に入れて、楽しませてもらっています。

冷たい料理やデザートは、やはりガラスの艶と冷たい表情がよく合います。アイスクリームを入れるような小さな器も便利ですが、わが家でのお気に入りは、大きなガラスの器。サラダを盛ったり、大きなデザートを盛ったりと、陶器では出ない輝きを添えてくれるので、特別感が出ます。

1つずつていねいに作られたガラスの器には、完璧に近い形でもほんの少しのたわみやゆがみがあり、クールな表情の中にもぬくもりや表情が感じられます。

ガラスは光を浴びてよりいっそう輝きを増します。夏の光を浴びた器は清涼感を、冬の光を浴びた器は神秘的な神々しい力を、きっと与えてくれる一皿に仕上がります。

ぜひ、一年中使ってほしい器です。

ピーター・アイビーさんのKOBOシリーズ。「タミゼクロイソ」で見て悩み、その日はあきらめたけれど、やっぱり欲しくて「ON THE DISH」でオーダーした1枚。15000円くらい。径28.5×高さ2cm。

透明感を引き立て合う器と料理の組み合わせ

ガラスとゼリーはベストカップル。夏の特別なデザートを演出してくれます。
（ベリーと白ワインのゼリー →p.128）

ごはん料理もスタイリッシュな表情に

おめかしした使い方もいいけれど、こんな使い方もいかがでしょうか？　ちらし寿司もいつもと違った表情に。

（玄米ちらし寿司 → p.129）

木の器

汚れてもいい。怖がらずに育てながら使いたい

木の器には、磁器や陶器にはないぬくもりを感じます。

かねてから木のものは塗装をほどこしてないものが好きで、木の家具も塗装をはがして使っているものもあります。のびやかな木の元々の姿を垣間見たくなるのは、器も同じ。自然の曲線や、木目の表情が豊かなものにひかれます。

余分な水分を吸ってくれる木の器は、パンをのせたり、寿司飯を作るときにも使っています。

とくに気に入ってる須田二郎さんの大きな桜の木のボウルは、私の気兼ねない使い方も受け止めてくれる器兼道具になっています。

ある日は手打ちパスタやパンのこね鉢として。

ある日はオイリーなパスタを入れ、ある日はサラダとドレッシングを入れ、そこで和えてそのまま食卓へ。

使わないときは、フルーツや根菜を入れてリビングに置いたりと、とても働き者です。

知人のお店では、小さな木の器においしそうなプリンがのって出てきます。新たな発見でこういう使い方もありだとハッとさせられました。もちろん、オイルや水分があるものをのせると染み込んできますが、すぐになじんで、使えば使うほど味わい深く、1つしかない器に育っていきます。

育む器、これからもいっぱいいっぱい使おう。

須田二郎さんの木の器は、それぞれ木の美しさを最大限に生かした容姿で同じものがふたつとなく、悩んで悩んで選んだもの。「うつわ祥見」で12000円くらい。29.5×28.5×高さ11cm。

気にせずオイルソースで和えて

器の中でパスタとソースをザクザク混ぜてからいただくのがおいしい。オリーブオイルを使ったソースも気にしません。
(レモンとアーモンドのパスタ
→ p.129)

フルーツをおいしく見せる木の器

花椒《ホアジャオ》と唐辛子が効いたフルーツと野菜の和え物。こちらもごま油を使用していますが、器の中で和えてテーブルへ。
(いちごとかぶのナムル　→ p.130)

洋梨を入れてリビングに飾りました。部屋にスッと
なじむのも、木の器のいいところ。

飲み物だけでなく、デザートにも活躍

やはりわが家はお皿だけでなく、グラス、コップ、湯飲みもさまざま。形も違えばサイズも、大きいものもあれば小さいものもあります。共通しているのは、あまりぽってりと厚いものはなく、薄いものというところでしょうか？

ワイングラスは、ヨーロッパのアンティークの手吹きのものが多く、気泡があったり少したわんでいたり。カジュアルにワインが飲めるグラスです。うちでは、ワインに限らず炭酸水やジュースを飲んだり、デザートにゼリーやアイスクリームを入れたりして楽しんでいます。

湯飲みもそう。日本の作家さんの白やベージュ系がほとんどですが、あまり和っぽいものはないので、フリーカップとしてフルーツのコンポートを入れたりするのに使っています。

撮影や料理教室でもよく使いますが、それぞれ違うと、自分の飲み物がわかりやすくていいときもあります。

左から順に、丸いグラスは「ATELIER303」のイベントで6000円くらいで購入。径6.5×高さ12.5cm。三角のグラスは木下宝さん作。7000円くらい。径8.5×高さ11cm。ビストログラスは「ATLAS」で購入。6000円くらい。このグラスを手に入れて以来、ワイングラスの魅力にはまった気がします。湯飲みとしても使っているそばちょこは、どちらも棚橋祐介さん作で「KOHORO」で買いました。左5000円くらい。径8×高さ7cm。右4000円くらい。径8×高さ6cm。

3

道具も器

器としての一面も兼ね備えた、
頼もしい道具に、美しさと力強さを感じます。
それぞれいい仕事をしてくれて
そのうえ、食卓にそのまま出せるなんて
なんてありがたい存在なんでしょう。
わが家の食卓に欠かせません。

せいろ

1人の食事にも、
湯気がくれる蒸す幸せ

電子レンジをあまり使いたくないこともあり、時間があるときはごはんの温め直しも極力せいろで蒸します。それなりに時間を費やしますが、湯気を見るとなんとも幸せな気持ちになり、ぜいたくな時間をもらえるように思えます。

せいろは大と小と2つ持っています。

大きいのは、横浜中華街の「照宝」の径27cmのもの。径23cmのお皿や高さ11cmほどの鉢ものも入るので、3～4人分のものが蒸せます。中鉢の茶碗蒸しもこれで蒸しています。かれこれ10年以上使っていて、上のつまみは切れてしまいましたが、まだまだ現役でいい飴色になってきました。

小さいものは、なぜか新婚旅行で訪れたハワイの「ウィリアムズ・ソノマ」のセールで買ったもの。径17cmほどです。東京・神楽坂の「五十番」の大きな肉まんだと1つ入るくらいです。この大きさは、1人分を蒸すのにちょうどいいサイズでとても便利です。

よくするのが、1人朝食セット。「ON THE DISH」のカンパーニュは、焼いてもおいしいですが、蒸してもむっちりとして美味なので、野菜やソーセージなどと一緒に蒸します。湯気と熱々の蒸した朝食で、よい1日のスタートがきれそうです。

ハワイの「ウィリアムズ・ソノマ」で3段セットで15ドルくらいで買いました。もう22年も使っている愛用の品。お弁当の残りを入れて蒸して、1人ランチセットもよくやります。径16.5×高さ7cm。
(1人朝食セット)

ざる

夏の食卓にもぴったり、
ぬくもりのある道具

保存食など季節の手仕事をよくするようになってから、ざるも増えていったように思います。

思い返せば、竹細工が有名な大分出身の母が、かごやざるを日常的に使っていたからか、身近な存在なのかもしれません。

いくつかあるざるの中でも、梅干し用の大きなざるには、ケータリングユニットをしていたときに、ケータリングの依頼でいろんな種類のおにぎりをのせていました。米とぎ用のざるは、お米をとぐときの、シャッシャッというリズミカルな音が気持ちよくって、買ってよかったと思う一品。

あけびのざるは縁が立ち上がっているので、根菜などを入れておくのにも重宝します。

よく使っている径25cmのものは、何枚か持っていて、揚げ上がった天ぷらの油きりとして、そして、そのまま食卓に出せるので調理道具兼器としても便利です。

最近いただいたのは、黒磯に住む知人の90歳のおばあちゃまが趣味で編まれたざる。素人が作ったとは思えないきれいさの中に温かみのある形で、いつかご縁があれば教えいただきたいと思っています。

人の手で1つ1つ編まれたざるは、これからの世代にも使ってほしいもの。私も使っているところをどんどん娘に見せるようにしています。

冷たいめんなどの夏の食卓を盛り上げてくれる器に。
上:もう今はない逗子のお店で2000円くらいで買ったざる。径25×高さ4.5cm。
下:黒磯のおばあちゃまにいただいたもの。径25.5×高さ5.5cm。
(揚げ野菜と冷たいおうどん)

カッティングボード

おもてなしにも活躍、
古い木の風合いが好き

器も道具も古いものが好きで、木のものも、使い込まれた枯れたような風合いのものに目が留まります。だからか、カッティングボードは、友人のフリマや骨董市、アンティークショップでお気に入りを見つけることが多いのです。ナイフ跡があったり、オイルが染み込んだりしたラフなボードは、私も気兼ねなく使えます。

調理道具としてだけでなく、器としても使えるカッティングボードは4枚ほど持っています。

いちばん大きい、四角くて節があるものは、原宿の「THE LITTLE SHOP OF FLOWERS」で買ったもの。レストラン「eatrip」にランチを食べに行ったときに、このボードに前菜とサラダがのっていて、こういう使い方があるんだと思い、隣のショップで何枚かあるうちのいちばんすっきりしたものを選びました。幅が広く、メインのお肉をのせてもよさそうです。

ほかのものは友人のフリマで買ったもの。

小さなオリーブのボードは、レモンやフルーツを切ったり、少しの薬味を刻んだり……。食卓の上でも使いやすいです。

取っ手のあるボードは、パンを切ったり、パウンドケーキを切ったり。ほどよく湿気を吸ってくれるのでおいしさが長持ちします。

細長いボードは、ケータリングでもよく使いましたが、小さなカナッペなどのフィンガーフードや、カップケーキをのせたりして、集まりなどでも活躍します。

センスのいい友人たちのおかげで入手できたボードを、日常でも集まりでも存分に使わせてもらっています。

1～3は友人のフリマで見つけました。
1：54（うち柄11）×12.5cm
2：オリーブの木。24×16.5cm
3：34（うち柄10）×15.5cm。
4：「THE LITTLE SHOP OF FLOWERS」で
3500円くらいで買ったもの。30.5×24cm。

ボードの長さを生かした盛りつけ

浦和の「Kuboぱん」のベーグルを横半分に切り、クリームチーズとメロン、パイナップル、桃を挟みました。カジュアルなおもてなしに。p.81-1を使用。
（フルーツのタルティーヌ）

器としても道具としても使いやすい

カッティングボードとパウンドケーキは定番の組み合わせ。そのままテーブルでカットします。p.81-3を使用。
（ジンジャーブレッド →p.130）

すり鉢

そのまま食卓へ出せる、
心を和ませてくれる鉢

「手を動かすと心がやわらかくなる」という、娘が小学3、4年生のときの担任の女の先生のお言葉が大好きで、料理をするうえで常に頭の片隅にあります。

寒い時期にはみそを作りますが、大量の大豆をひたすらすり鉢ですりつぶすと、最後には体がぽっかぽか。みそ教室でも、みなさんでき上がるころには表情がやわらかくなり、すっきりとしたお顔になるのが印象的です。

手仕事は手を通じ、体で頑張り、頭で考え、自分なりの塩梅《あんばい》ができます。そしてなにより、手を動かしてる間は集中でき、無の状態になります。いわば座禅のような効果がある気がして、でき上がるとすっきりすることがよくあります。今では電化製品が進歩して、手早くでき上がり、楽ができるものもいっぱいありますが、それではこういった時間を持つことはできません。

すり鉢の好きな理由は、心を和らげてくれるほかに、片口の形が好きなのと、そのまま食卓にも出せるところです。

大、中、小と3つのすり鉢を持っており、菜っ葉のごま和え、鯛のごまみそ漬け、とろろごはんのとろろ、冷や汁や、みそ作りの大豆をすりつぶすなど、量によって使い分けています。

ひとつは黒いもの、ひとつは大分の小鹿田《おんた》焼きのもの、そしていちばんのお気に入りは、石見《いわみ》焼きの白いすり鉢。すりやすく、すり鉢にしては、シャープな片口にクラフト感がない白で、わが家のほかの器ともなじみやすいすり鉢です。

たっぷりの和え物はできたてをそのまま食卓へ。真っ白で、すっとしたたたずまいが青菜のみずみずしさを引き立ててくれます。「もやい工藝」さんで見つけた、いちばんお気に入りのすり鉢。3500円くらいで購入。径25×高さ10.5cm。
（青菜のカシューナッツ和え　→p.131）

耐熱皿

グラタンや焼き菓子に。
使えば使うほど味が出る

グラタンを作るとき用に、わが家に合う耐熱容器はないかなーといつも探していました。

業務用の楕円形のものを使っていましたが、わが家の洋食器の大半が古い器なので、なんだかピカピカしていて、あまり合っていないような感じがしていました。

冬になると、耐熱容器を作られる和食器の作家さんが多いので、探しに行ったのですが、やはり和の印象で、小さな鍋のようなものが多くてイメージしていたものとは少し違いました。

あるとき、お店で見かけた井山三希子さんの個展のご案内の写真がイメージしていたグラタン皿に近いものでした。これは初日に行かなければと思って、朝早くオープンと同時くらいに伺いました。

1人用のサイズと、4～5人分は入る大きなサイズの2つの大きさがありました。そして色が白と黒。色はやはりわが家には白かなと思って白にし、サイズは迷いに迷って両方とも！　二子玉川のお店から大事に抱えて帰りました。

もちろん、グラタンにもぴったりですが、1人用はフルーツのクランブルに使ったり、大きいほうはロールキャベツやブイヤベースなど洋のイメージが強い料理にもよく合います。

あれから10年以上使っているので、もう白というより、使い込んだベージュになり、よりいっそう愛着がわいている器です。

「KOHORO」の井山三希子さんの個展で買ったもの。大と小の2サイズを買いました。こちらは小さいサイズで6000円くらい。1人用のドリアにぴったり。22.5×16×高さ16cm。
（カリフラワーのドリア　→p.131）

土鍋

オールシーズン食べたい鍋料理は、
どんと構えた迫力ある鍋で

冬のみならず鍋料理が多いわが家。献立に困ったときの頼みの綱です。夕飯にみんながそろったとき、次の日にお弁当がないとき、時間がなくても作りながらいただける鍋は、季節に関係なくありがたいです。

2018年の12月、横浜の「手音」さんで城進さんの個展が行われた際に、おでんの会をさせていただきました。以前に城さんのこの黒い土鍋を使い、私の料理教室でおでんを出したことがきっかけでした。

しかしその土鍋は、私の不注意からきれいにぱっかりと割れてしまって、また同じ形で作ってもらいたいとお願いをしました。すると、同じサイズか大きいサイズが頼めるということで、せっかくならと、3～4人分入る前のものよりも一回り以上大きい6人分くらいは入るものを作っていただき、おでんの会で無事お披露目することができました！あんなにいっぱい鍋に入っていたおでんだねがあっという間に空っぽになっていく様子は、作り手としてはとてもうれしい光景でした。

迫力のある土鍋は、どんと構えていてぬくもりを感じます。おでんはもちろん、鶏団子のお鍋や辛いお鍋にも、唐辛子の赤や、菜っ葉の緑やお豆腐の白が黒いお鍋に映えます。

城さんの土鍋はくっつきにくく、お肉を焼いてから作る関西風すき焼きなどもおいしく作れます。大きなビビンバなんかもできそうです。

土鍋は冬だけのものではないですよ。

「手音」で買った城進さん作の土鍋。22000円くらい。一見大きな深鉢のようで、さまざまな使い方ができるのが魅力です。ふつうのおでんもおしゃれな料理に。径33×高さ11cm。
（おでん）

パエリアパン

お好み焼き、オムレツ、カステラ……
小さめサイズがかなり使える

以前に仕事で2人分くらいの小さなパエリアを作る撮影があり、いろいろ探して購入したものです。

もちろん、パエリアはパリッとふっくらとおいしくできますが、この径22cmほどの両手つきのパエリアパン、かなり活躍してくれます。

まずは朝ごはん、1人分の目玉焼きとソーセージやベーコンを焼くのにちょうどいい。また、家族で食べるなら卵4〜5個を使ったお野菜とチーズをのせたオープンオムレツも。

鉄製で結構重く、無骨ですが、取っ手がスリムなので男前すぎず、そのまま食卓に出してもわが家の食器ともなじみやすいです。

昼は、卵、豚肉、キャベツがそろっていれば大好きなお好み焼き。1人分を焼くのにちょうどいい大きさです。このままテーブルにのせて、コテで切り分けながら熱々をほおばります。

おやつは、大好きな絵本の『ぐりとぐら』の中に登場するカステラのようなケーキを。憧れのあのケーキがこのパエリアパンだと実現できるのです。柄が短いのでオーブンで焼くケーキも作れます。

夜は、ぎょうざやチヂミなど、カリッとふわっと仕上げたいものによく使います。炒め物もやはりおいしくできます。

もはやパエリアのほうがご無沙汰ですが、このパエリアパンだからおいしくできる料理、きっとまだまだありそうです。

これからも使い続けよう。

お店などは忘れてしまいましたが、ネットで3000円くらいで購入しました。サーモンとじゃがいものガレットは娘の大好物。「鮭のアレ作って」とせがまれます。このパエリアパンだとこんがり香ばしく仕上がります。径22×高さ4cm。
（サーモンとじゃがいものガレット →p.131）

3タイプを料理に合わせて使い分け

結婚してから週の半分以上はお弁当を作り続けています。娘が生まれて、日によっては、2つになったり1つになったり……好みが違う家族2人のお弁当を作るのは手を替え、品を替え、大変。

そんなお弁当作りのモチベーションを上げる1つが、お弁当箱。自分の好きなお弁当箱に詰めることです。

よく使っていたのは杉のわっぱ。木の香りがよく、自分が毎日使うならこれ、と決めていました。たまたま訪れた合羽橋でお手ごろなものを購入しました。リーズナブルでしたが、詰めるとごはんがおいしくなり、かれこれ15年くらいたって、きれいとはいえませんが、味が出てきてまだまだ使えます。わっぱは、大きめと小さめと二段のものを持っています。おひつ代わりにごはんが少し余ったときに詰めておくこともできます。

ちらし寿司や丼などは、いただいた漆の小さな重箱のようなお弁当箱に詰めます。お弁当箱として使わないときは、あられやおかきなどを入れたり、お漬け物を入れたり。かごのものは、ラップに包んだおにぎりがつぶれないように。または、サンドイッチを入れたり。

作る側も楽しみになる、わが家のお弁当箱たちです。

わっぱは主人がデイリーに使っているもの。合羽橋商店街で3000円くらいで購入。12×8×高さ6cm。漆の四角いものはいただいた「木と根」のもの。13.5×13.5×高さ9cm。かごもいただきもの。17×10×高さ7.5cm。

4

器のある1日

朝、昼、夜とシーンごとに器の使い方、
選び方は変わってくるもの。
でも、わが家は白い器がベースになっているので、
異なるシチュエーションでも、
それとなく食卓に統一感が生まれます。
どんなときでも、どんな料理でも、
受け止めてくれる、愛しい器に感謝です。

朝ごはん

大きなお皿にたっぷりパンを盛り合わせて

休日の朝、久しぶりに家族がそろったときや、おいしいパンや野菜が手に入ったとき。青空が澄み渡り、光がさんさんと差し込んでいたならば、みんなより早起きして、朝が苦手な私でも少しだけ頑張ってみようと思えます。

大好きな「ON THE DISH」のパンがあれば、それだけでごちそうですが、さらに朝の光が似合う、縁が小花柄のアンティークの長皿に盛り合わせれば、今朝のとっておきになります。スープは、前日に仕込みます。一晩寝かせると、味に一体感が生まれます。温め直して、少し小さめのアンティークのスープ皿も、スープが冷めないように温めて。
旬の野菜のサラダは、リムのないカジュアルなアンティークの深皿でシェアをして、あとはみずみずしいフルーツがあればいうことなしです。

フルーツを盛った中皿は200年くらい前のもの。縁の釉薬が長い月日を重ねて使い込まれて取れたようで、下地が見えてしまっていますが、それがなんとも木のようで、かごのような使い方もいいなと思って盛ってみました。

個々で味つけができるようにバターや調味料なども食卓へ。そんなときも、皿をちょっとしたトレー代わりに。今日は、オーバルの大皿がちょうどいい感じでした。

平日の朝は、みんなバラバラで時間に余裕がないからこそ、たまに家族がそろったり、時間に余裕があるときは朝ごはんを楽しみたい。

また、そうすることで、休日のいい循環が生まれてきそうです。

［ある日の朝ごはんメニュー］
・ジャム、バター
・パン盛り合わせ
・ズッキーニと卵のサラダ → p.132
・フルーツ盛り合わせ
・かぼちゃのポタージュ → p.132

1 オーバル大皿／31×21×高さ3cm／アンティークス タミゼ／アンティーク／12000円くらい
2 オーバル小皿／13×8.5×高さ3.5cm／DEAN&DELUCAのパテが入っていた容器
3 ココット／径7×高さ3cm／le trot／アンティーク／1200円くらい（p.45でも使用）
4 縁に青い花柄の長皿／39×25×高さ4.5cm／le trot／アンティーク／20000円くらい
5 深皿／径21×高さ4.5cm／アンティークス タミゼ／アンティーク／4000円くらい
6 中皿／径21×高さ3cm／アンティークス タミゼ／アンティーク／12000円くらい
7 中皿／径21×高さ3cm／骨董市／アンティーク／3000円くらい
8 スープ皿／径21×高さ3.5cm／友栄堂／アンティーク／4000円くらい
9 ドレッシング入れ／径7.5×高さ9cm／木と根／岡田直人 作／4000円くらい
10 うすはりグラス／径7.5×高さ9cm／フリマ

昼ごはん

お弁当の残りをトレーにまとめて定食風に

平日の独りぼっちのお昼ごはんは、少し多めに作った主人のお弁当のおかずの残りとみそ汁、ごはんをいただくことが多いです。朝、掃除を済ませて、原稿やメールを送ったり、お昼ぎりぎりまで仕事をしているときは、1人分を作る労力や時間を仕事に回したくて……。

撮影のある日は、テーマに沿って作った料理をお昼にスタッフの方と一緒にいただき、華やかな時間となりますが、それ以外のほとんどの時間は、1人で黙々と作業をすることが多いのです。

そうなると、1人で家にこもっての仕事の日、時間に追われながら、ただ淡々とお昼ごはんを食べるのでは味気ないものです。だってお昼ごはんとおやつが唯一のお楽しみですから。

そこで、せめてもと、残り物を少しずつ好きな小皿に1種類ずつ盛ってみることにしました。そうするとそれなりに見え、器のバランスを考え、ごはん茶碗はこれ、汁椀はこれっと選んでいき、さらにお盆にのせたりするとなんだか定食のように。残り物でおひとりさまの昼ごはんもまんざらでもなく、テンションが上がりぎみになります。

器の力を借りて、おなかも心も満たされ、おやつの時間まで頑張れるようになりました。

［ある日の昼ごはんメニュー］
・さわらのねぎソース → p.133
・れんこんと青菜のおひたし
・だし巻き卵
・ねぎのおみそ汁
・赤米ごはん

1 花形小皿／径13×高さ2cm／岸野寛 作／2000円くらい
2 小鉢／径10×高さ5cm／広川絵麻 作
3 オーバル小皿／11×8.5×高さ1.5cm／骨董市／ウェッジウッドのアンティーク／1000円くらい（p.45、83でも使用）
4 汁椀／径12.5×高さ7.5cm／うつわ祥見／寒川義雄 作／5000円くらい
5 めし椀／径12.5×高さ6.5cm／京都やまほん／城進 作／4000円くらい
6 お盆／30×30cm／骨董市／鎌倉彫りの彫る前のもの

ティータイム

普段使いの器もおもてなしに

3度の食事と同じくらい楽しみなのは、お茶の時間。家で1人で仕事をしていると、仕事とプライベートの区別がどんどんつかなくなってきて、気づけばだらだらと仕事をしてしまって、効率がいいのか悪いのかというときが多々あります。そんなときは、ティータイムを挟みます。

1人の休憩は、いつもの大きめのマグカップにデカフェのカフェラテを注いで、いただきものや娘のお菓子をちょっと拝借するくらいですが、それでもやはりお茶の時間。ちょっとした息抜きや気分転換を入れるほうが、またやる気も出てきますね。

知人が遊びに来てくれるときは、相手が好きそうで、私も食べたいお菓子を、家にあるものを使って作ります。気取ったものではないですが、話が弾むようなものを。

ティータイムの器もケーキは丸ごとアンティークの皿に盛り、フルーツも大きなガラスの器にどっさり盛ります。ティーポットもお茶がたっぷり入るアンティークのものを。下のやわらかな白の大皿は、普段は料理を盛っていますが、お茶の時間はトレーとして使っているお気に入りです。

お茶やお菓子をたっぷりテーブルに出すのは、好きなだけ食べてほしいと思う気持ちと、限りある時間、あまり席を立たずにずっと話していたいという気持ちの表れかもしれません。

木漏れ日の中、白い世界で知人と語らう時間は、刺激をもらい、心が豊かになるとき。私にとってなによりの栄養です。

[ある日のティータイムメニュー]
・紅茶
・ビスキュイサボワ →p.133
・フルーツのビネガーマリネ →p.134

1 大皿／径31.5×高さ4cm／ATELIER303／フランスアンティーク／
12000円くらい（p.31 でも使用）
2 ポット／径14×高さ14cm／ATELIER303／フランスアンティーク／15000円くらい
3 茶こし／径7.5×高さ4cm／フリマ／フランスアンティーク
4 カフェオレボウル／径14.5×高さ9cm／ON THE DISH／岡田直人 作／
5500円くらい（p.54 でも使用）
5 カップ／径7×高さ12cm／ATELIER303／フランスアンティーク／5000円くらい
6 中皿／径23.5×高さ2.5cm／骨董市／フランスアンティーク／3000円くらい
7 中皿／径23.5×高さ2cm／フリマ／フランスアンティーク／4000円くらい
8 ティーカップ／径10×高さ5.5cm／ソーサー／径14×高さ2cm／骨董市／
ドイツアンティーク／3000円くらい
9 ガラスボウル／径20×高さ12cm／稲葉知子 作／5000円くらい

晩ごはん

中華だって和洋食器を取り交ぜた、自由な盛りつけで

夜ごはん、何が食べたい？と家族に聞くと、和食に次いで中華と言われます。中華といってもわが家でよく作るものは、シンプルであまりこってりとしていない感じのものです。だから、うちにある和の器でも、洋の器でも、中華料理に似合う気がします。

夜ごはんも好きな大皿に盛って、各自銘々取り皿に分けていただきます。煮物や和え物など汁けがあるものは、少し深めの鉢のような形が使いやすく、立ち上がりのすっときれいな日本の作家さんのものをよく使います。

ビールやワインで晩酌をするときは、ごはんものは夜食べないので、焼きビーフンをよく作ります。具はそのときによって。今日は華やかな輪花形ながら、ビーフンの色になじむような大鉢に盛ってみました。

骨董市で買ったオランダのアンティークの器で、もともとは白い器らしいのですが、かなり色が染み込んでいて、骨董市に出店された方も売れないかもと思っていたらしいです。が、私は逆にこの年季の入ったまだらな色の染み込み具合が気に入って一目ぼれし、大事に抱えて帰りました。ただの白いヨーロッパっぽい器だったら、ビーフンを入れることはなかったかもしれません。

カトラリーもどんなものにも使いやすい韓国のスッカラや、スッカラからヒントを得たような作家さんのサーバーを合わせて。どんな料理でも、気に入ればどこの国の器でも使うことにしています。

［ある日の晩ごはんメニュー］
・豚肉と豆腐の黒酢煮込み →p.134
・刺し身ときゅうりのすだち和え →p.135
・あさりと桜えびの焼きビーフン →p.135
・ビール
・お茶

1　中鉢／径22×高さ6cm ／ 5000円くらい
2　大鉢／径24.5×高さ6cm ／タミゼ クロイソ／伊藤環 作／ 12000円くらい
3　小皿／径15×高さ3cm ／手音／深田容子 作／ 3000円くらい
4　輪花形大鉢／径23.5×高さ9cm ／骨董市／オランダアンティーク／ 8000円くらい
5　グラス／径7×高さ11cm ／フリマ／インドのもの
6　そばちょこ／径8×高さ7cm ／ KOHORO ／棚橋祐介 作／ 5000円くらい(p.74 でも使用)
7　小皿／径16×高さ2.5cm ／額賀章夫 作
8　小皿／径18.5×高さ4cm ／林拓児 作／ 5000円くらい

出合いを大切にそろえる楽しみ

探しているときに見つからないのが、カトラリーや箸類。たくさん売っていますが、わが家の食卓に合う、家族にもちょうどいいものはなかなかなく、探しているときほど遭遇しません。とくにアンティークのカトラリーは、よく見ると少しずつ違っていたりするのでめったにそろいません。

おそろいが少ないわが家で、4本以上そろっているのが韓国のスッカラ。料理のジャンルを問わず使っています。大きさや口当たりがよく、使いやすい薄さなので、豆腐を取り分けたり、ゼリーやアイスクリームなどにも便利です。

それからフランスのデザートスプーン。先がすーっと薄く細くなっていてこれも口当たりがなめらかに感じ、切り口面もきれいです。あと、先が2つに分かれたエスカルゴスプーンも。エスカルゴを食べる機会はありませんが、食後のカットフルーツを食べるのに最適です。

取り分け用のサーバーは、食卓に変化をもたらしてくれるのでシンプルながら、個性があるものを探します。

カトラリーは、ちょうどいいかも、と思う出合いがあれば、逃さないようにしたいです。

カトラリー：（左から）個性的なサーバーは寺本英幸さん作の「木と根」オリジナルで6000円くらい。お気に入りのスッカラは石井すみ子さん作で5000円くらい。木の柄のフォークとナイフは「ON THE DISH」で購入。エスカルゴスプーンは「友栄堂」で1200円くらい。フランスのデザートスプーンは「le trot」のオンラインショップで2500円くらい。

箸類：（下から時計回りに）きれいな石も箸置きに。竹細工は安部仁美さん作でピックは800円くらい、箸置きは1400円くらいで「ON THE DISH」で購入。左の箸は「Zakka」で1500円くらい。いちばん右の箸は「百草」で1800円くらい。

5

私の好きな器のお店

好みの器がいつもあるお店は、
私にとって、心の栄養もいただける場所。
器への愛情が真っすぐに感じられるお店と
そのオーナーの方々に、
器を通してめぐり合えたことが、
宝物のようでうれしくなります。

アンティークショップ

物語を感じられる器たち

antiques tamiser アンティークス タミゼ

器を楽しむという点で、私にはアンティークの器が欠かせません。

頻繁に訪れるわけではないけれど、何かの節目やここぞというときに、「アンティークス タミゼ」は必ず頭によぎり、訪れたくなります。あの空間に行きたくなります。私にとって、ただ単に器を求めに行くだけのお店ではなく、何かを感じに行きたい。ドアを開けた瞬間から視覚が癒やされるだけではなく、かすかなにおいや静かな物音、そこに存在する気を存分に吸収して感じ取りたいような感覚は、美術館に足を運ぶ感覚に近いかもしれません。

オーナーの吉田さんの扱うものは、国籍や年代に関係なく美しいと思うもの。店名の「タミゼ」は、フランス語で「ふるいにかける」という意味。その店名どおり、1つ1つ吉田さんのフィルターにかけられた、選び抜かれたものだけがお店に並んでいます。器だけでなく、箱だったり、布だったり、誰かが書いたノートやメモも。ものに対する価値の在り方がとても柔軟で、店の隅々まで楽しませてもらっています。

同じ形でも、傷や欠け、薄さ、ほんの少しのゆがみが個性的で、同じ顔をした器は1つもありません。今までの物語を紡いでいるような器たちから、わが家に迎え入れたい1枚を探します。ここで輝いている器を、わが家でも霞《かす》ませることなく、大切に育んでいきたい。そんなことをこの空間で考えるのも至福のひとときです。

東京都渋谷区恵比寿 3-22-1
12:00 ～ 19:00 ／月・火曜定休
http://tamiser.com/
https://www.instagram.com/antiques_tamiser/

113

骨董市

ここにしかない出合いを求めて

大江戸骨董市

小さいころから、毎日開いているお店より、特別なときにしか開催していない、お祭りのような感覚の「市」とついているものが好きだった気がします。とくに晴天のなか、野外で行われた活気のある市に母にくっついて行くのが好きでした。母はよく「ここでしか買えないんだよ」と言って、お目当てのものを手に入れたときはうれしそうでした。

高校生になると、ファッションに興味を持ち、人とは違う格好をしたい時期が訪れ、将来はスタイリストという職業につきたいと思っていました。自分でリメイクするための古着や生地を探しに、大阪の四天王寺の市やフリーマーケットによく通っていました。他のお店では売っていない、ここにしかないものに出合えたとき、母の言葉と笑顔がよみがえり、意味がわかった気がしました。

現在、よく訪れるのは、大江戸骨董市。出店数も多く、日本の骨董、ヨーロッパのアンティーク、店舗を持たない方や地方の方の出店もあり、いつも賑わっています。好みのものに出合えるように目を見開いてキョロキョロ。出店者の方とお話しするのも楽しく、勉強にもなります。

今回、代々木の会場に訪れると、以前横須賀にあったアンティークショップ「GARAGE」のまいちゃんが出店していて、彼女の選りすぐりの品々に心躍りました。ここでしか出合えないものを探すのは、私の楽しみの1つで、生活の中に組み込まれ、根付いています。きっとこれからも……。

会場：東京国際フォーラム、代々木公園ケヤキ並木
入場無料、開催スケジュール等はホームページに掲載
https://www.antique-market.jp/
開催情報：03-6407-6011（開催日前日夕方から、
応答電話で開催情報が聞けます）

作家さんやオーナーさんの世界観が感じられる

ATELIER303・友栄堂・le trot・ATLAS

イベントやネットショッピングでも、常にアンテナを張っていた昔と違って、今は、むやみやたらに探すことはなくなりましたが、やはり、気になる作家さんや好きなオーナーさんのイベントには出向きます。作家さんの今を感じる品ぞろえや、オーナーさんの世界観が感じられるからです。どちらもこのときだけというものも多いのでワクワクします。

以前、横浜馬車道に「ATELIER303」というアンティークショップがありました。オーナーのなおみさんの人柄あふれる店内や、セレクトが好きでよく通っていました。今はイベントのみの営業で、ヨーロッパで買いつけてきた品々を拝見することができるので、必ず伺います。

最近は便利な世の中で、ネットで器を買うこともできます。ただ、ネットで品物を買うと、届いたら、何か違うということもなきにしもあらずです。ネットでも、私が利用させていただいているのは、骨董市で好みだなあと思った「友栄堂」さんや「le trot」さん、ちょっと遠い千葉にお店を構えてらっしゃる「ATLAS」さん。一度は、お店に伺ったり、骨董市でお会いしたりして、オーナーさんのセレクトが好きなお店です。ワクワクしながら届くまでの時間や、やっぱり頼んでよかったと思える信頼おけるお店を見つけるのも楽しんでいます。

● ATELIER303
https://www.instagram.com/atelier303/

●友栄堂
東京都台東区根岸5-11-32　1階右
Open day以外は要予約。
営業日・時間はホームページに掲載
http://www.tomo-e.com/
オンラインショップ
https://tomoedo.thebase.in/

● le trot（ルトロ）
https://www.le-trot.net/

● ATLAS
千葉市中央区新宿1-5-29　3F
金・土・日曜12:00 ～ 18:00（不定休あり）
https://www.atlas-antiques.com/
https://www.instagram.com/genta_iimura

SHOP LIST

この本に登場する器のお店（五十音順）です。
かっこ内のページはそのお店の器や
小物が登場するページです。

● ATLAS
問い合わせ先 → P.117
（p.74、117）

● ATELIER303
問い合わせ先 → P.117
（p.31、74、105、117）

●アンティークス タミゼ
問い合わせ先→ P.112
（p.13、19、27、41、51、97）

●うつわ祥見 KAMAKURA
神奈川県鎌倉市小町1-6-13 コトブキハウス2F
12:00 〜 18:00 ／展覧会以外不定休
https://utsuwa-shoken.com/
https://www.instagram.com/utsuwa_shoken/
（p.63、71、101）

● ON THE DISH
神奈川県横浜市中区仲尾台40
＊営業時間はインスタグラムに掲載
http://on-the-dish.shop
https://www.instagram.com/onthedishbread/
（p.55、67、105、110）

● GARAGE
https://www.instagram.com/maitanakagarage/
（p.16）

●木と根
京都市下京区燈籠町589-1 1F
11:00 〜 17:00 ／日・月曜定休（臨時休業あり）
http://kitone.jp/
https://www.instagram.com/kitone_kyoto/
（p.92、97、110）

●京都やまほん
京都市中京区榎木町95番地3 延寿堂南館2F
（二条通寺町東入）
11:00 〜 18:30 ／木曜定休
https://www.gallery-yamahon.com/
https://www.instagram.com/kyoto_yamahon/
（p.101）

● KOHORO　二子玉川店
東京都世田谷区玉川 3-12-11 1F
11:00 〜 19:00 ／水曜定休
（展示会会期中は無休）
https://kohoro.jp/
https://www.instagram.com/irohani_kohoro/
（p.47、74、86、109）

● Zakka
東京都渋谷区神宮前 5-42-9
グリーンリーブス 102
11:00 〜 19:00 ／日曜定休
http://www2.ttcn.ne.jp/zakka-tky.com/
（p.110）

● THE LITTLE SHOP OF FLOWERS ／
ATELIER
東京都渋谷区神宮前 6-31-10
不定休
http://www.thelittleshopofflowers.jp/
（p.81）

●草灯舎　soutousya
兵庫県神戸市中央区海岸通 3-1-5
海岸ビルヂング 206 号
13:00 〜 18:00 ／日・火曜定休
https://www.soutousya.com/
https://www.instagram.com/soutousya_kobe/
（p.37）

●タミゼ クロイソ
栃木県那須塩原市本町 3-13
日・月曜 13:00 〜 18:00
http://tamiser.com/k_news.php
（p.109）

●手音
神奈川県横浜市中区豆口台 46
13:00 〜 17:00
https://utsuwa-teon.hatenablog.com/
https://www.instagram.com/teon.utsuwa/
（p.59、63、88、109）

● 友栄堂
問い合わせ先→ P.117
（p.33、45、97、110、117）

● BRIKIKKA
埼玉県狭山市入間川 4-14-6
金・土・日曜 12:00 〜 19:00
http://www1.s-cat.ne.jp/brikikka/
https://www.instagram.com/brikikka/
（p.13）

●百草
岐阜県多治見市東栄町 2-8-16
11:00 〜 18:00
https://momogusa.jp/
https://www.instagram.com/momogusa/
（p.110）

●もやい工藝
神奈川県鎌倉市佐助 2-1-10
10:00 〜 17:00 ／火曜定休（祝日除く）
https://moyaikogei.jp/
https://www.facebook.com/moyaikogei/
（p.85）

● le trot
問い合わせ先→ P.117
（p.97、110、117）

15ml

RECIPE

[レシピのお約束]

・計量単位は1 カップ＝200mℓ、大さじ1＝15mℓ、小さじ1＝5mℓです。
・食材を洗う、野菜の皮をむく、へたや種を取るなど、
　基本的な下ごしらえは作り方から省いています。適宜行ってください。
・とくに記載のない場合、火加減は中火です。
・オーブンの焼き時間は目安です。様子を見ながら加減してください。
・保存期間は目安です。

p.18　ハニーピクルス

材料（作りやすい分量）

カリフラワー　¼個
れんこん　小１節
セロリ　１本
二十日大根　５～６個
ひよこ豆（ゆでたもの）　80g
ローリエ　２～３枚

A
白ワインビネガー　⅔カップ
水　１カップ
はちみつ　大さじ2
塩　小さじ¼
黒粒こしょう　20粒
マスタードシード　小さじ1

1　鍋にAを入れて火にかけ、ひと煮立ちさせる。
2　カリフラワー、れんこんは食べやすい大きさに切り、塩ゆでして水けをきる。セロリも食べやすい大きさに切る。
3　保存容器にすべての材料を入れて漬ける。半日たてば食べごろに。
⇒冷蔵庫で２週間保存可能。

p.20　空豆とチーズの春巻き

材料（８本分）

空豆（皮をむく）　32個
クリームチーズ　適量
春巻きの皮　８枚
水溶き薄力粉　適量
揚げ油　適量
塩　少々

1　春巻きの皮にクリームチーズを小さじ１ほど塗り、空豆４個をのせて巻き、水溶き薄力粉で端を留める。
2　中温の油でカリッときつね色になるまで揚げ、塩をふる。

p.28　甘えびとクレソンの白和え

材料（３～４人分）

甘えびの刺し身　適量
クレソン　１束
木綿豆腐　１丁

A
白すりごま　大さじ2
薄口しょうゆ　大さじ１½
わさび　小さじ1～2

1　豆腐はペーパータオルを敷いたざるに入れ、泡立て器で混ぜてつぶし、15分ほどおいて水けをきる。甘えびは塩少々（分量外）をふる。
2　すり鉢に豆腐を入れてなめらかになるまですりつぶす。Aを加え、さらになめらかになるまでする。
3　器に２を盛り、上に甘えびと食べやすい長さに切ったクレソンを盛りつける。食卓で和えていただく。

p.30　ホエー漬け豚のサムギョプサル

材料（作りやすい分量）
豚肩ロース肉（かたまり）　400g
塩　8g
ホエー（プレーンヨーグルトを水きりしたときに出る水分）　½カップ
サニーレタス、えごまの葉、きゅうり、トレビスなど
　お好みの野菜　適量
サムジャン（下記参照）　適量

1　豚肉はフォークをまんべんなく刺して穴をあける。塩をすり込み、保存袋に入れてホエーを注ぎ入れ、冷蔵庫で5時間以上漬ける。
2　食べやすい大きさに切り、両面をフライパンで焼く。または、かたまりごと180℃に温めたオーブンで40分ほど焼いて、切り分ける。
3　器に豚肉、野菜、サムジャンを一緒に盛る。葉野菜に豚肉、サムジャン、きゅうりなどをのせて巻き、いただく。
⇒ サムジャン（作りやすい分量）：みそ大さじ3、コチュジャン大さじ2、はちみつまたはきび砂糖・ごま油各大さじ1、好みでにんにくのすりおろし少々をよく混ぜ合わせる。

p.31　あじのフリット プラムのサルサソースがけ

材料（4人分）
あじ　中4尾
プラム　3〜4個
紫玉ねぎ　½個
青唐辛子　1〜2本
香菜　適量
白ワインビネガー　大さじ2
塩、こしょう　各少々
A｜薄力粉、炭酸水　各½カップ
揚げ油　適量

1　あじは三枚におろし、斜め半分に切り、塩、こしょうをふる。
2　プラムは食べやすい大きさに切り、紫玉ねぎ、青唐辛子、香菜はみじん切りにして合わせる。白ワインビネガー、塩少々（分量外）でよく和え、ソースを作る。
3　あじによく混ぜ合わせたAをつけ、中温の油でカリッとするまで揚げる。
4　3を器に盛り、2をかける。

p.34　卵とブロッコリーのサラダ

材料（2～3人分）

A｜ゆで卵　2個
ゆでたブロッコリー　¼個分
ケッパー（塩漬け）　約10個

B｜マヨネーズ　大さじ1½
イタリアンパセリのみじん切り、レモン汁、塩、こしょう　各少々

1　Aを粗めに刻み、混ぜ合わせたBでよく和える。

p.34　洋梨とセロリのマリネ

材料（2～3人分）

洋梨　½個
セロリ　½本
ディルのみじん切り　少々
白ワインビネガー　大さじ1
オリーブオイル　大さじ1½
塩、こしょう　各少々

1　洋梨は芯を取り、皮をむいて薄切りにする。セロリは筋を取り、斜め薄切りにする。
2　ボウルにすべての材料を入れ、よく和える。

p.35　ブルーベリーとチェリーのヨーグルトアイス

材料（18×8×高さ6cmのパウンド型1台分）

プレーンヨーグルト　400g

A｜ブルーベリー　100g
きび砂糖　10g
レモン汁　小さじ1

生クリーム　1カップ
きび砂糖　50g
アメリカンチェリー
（種を取ったもの）　100g

1　ヨーグルトはペーパータオルを敷いたざるに入れ、半量（200g）になるまで水きりする。
2　鍋にAを入れて火にかけ、ひと煮立ちさせる。
3　生クリームは八分立てになるまで泡立てる。
4　別のボウルに、1ときび砂糖を入れて泡立て器ですり混ぜる。
5　砂糖が溶けたら、3を3回に分けて加え、そのつどよく混ぜる。
6　チェリーと2を加えてさっと混ぜ、オーブンシートを敷いた型に入れて平らにならし、表面にラップをぴったりとかけて、冷凍庫で冷やし固める。
7　食べやすい大きさに切り、器に盛る。

p.38　牛すじと冬瓜の煮込み

材料（2～3人分）
牛すじ　200g
冬瓜　500g
だし汁　4カップ
薄口しょうゆ　小さじ2
塩　少々

1　牛すじは一口大に切り、冬瓜は種を取り、皮をむいて一口大に切る。
2　鍋に牛すじとかぶる程度の水を入れて火にかけ、沸騰したら弱火にして3分ほど煮る。ざるにあけて水であくを洗い流す。
3　鍋にだし汁、しょうゆ、塩と牛すじを入れて火にかけ、沸騰したら弱火にして牛すじがやわらかくなるまで煮る。
4　冬瓜を加え、冬瓜がやわらかくなるまでさらに20分ほど煮る。

p.39　あおさの茶碗蒸し

材料（2～3人分）
卵　3個
あおさ　5g
A｜だし汁　3½カップ
　｜薄口しょうゆ、みりん　各小さじ2
　｜塩　ひとつまみ
水溶き片栗粉　片栗粉、水各小さじ1

1　卵に塩少々（分量外）を加えてよく溶きほぐし、よく混ぜ合わせたAの3カップ分を加え、よく混ぜ合わせる。
2　1をざるでこしながら器に注ぎ入れる。
3　蒸気の上がった蒸し器に2の器を入れ、弱火で20分ほど蒸す。
4　小鍋に残りのAを入れて火にかけ、沸騰したらあおさを加えてよく混ぜ合わせ、水溶き片栗粉を加えてとろみをつける。
5　でき上がった茶碗蒸しに4をかける。

p.42　アスパラのミモザサラダ

材料（作りやすい分量）

グリーンアスパラガス　8本
かたゆで卵　2個

A
マヨネーズ　大さじ1
レモン汁　大さじ½
塩、こしょう　各少々

1　アスパラガスはかたい部分を取り除き、下半分の皮をピーラーなどでむき、塩少々（分量外）を加えた湯で好みのかたさにゆでる。
2　ゆで卵は黄身と白身に分け、黄身はざるなどでこして細かくする。白身は粗みじん切りにし、Aを混ぜ合わせる。
3　器に2の白身、アスパラの順に盛り、その上に黄身を散らす。

p.44　ヨーグルトスコーン

材料（小さめのもの4個分）

A
薄力粉　100g
ベーキングパウダー　小さじ1
きび砂糖　15g
塩　ひとつまみ

米油　大さじ1½
プレーンヨーグルト　大さじ3
メープルシロップ、バター（好みで）　各適量

1　ボウルにAの材料を入れてよく混ぜ合わせる。
2　米油を加え、ざっと手で混ぜ合わせてから両手ですり混ぜる。
3　ヨーグルトを加えてひとまとめにし、オーブンシートの上に置き、めん棒でのばして半分に折りたたむのを2回ほど繰り返す。
4　3cm厚さの正方形にし、包丁で4等分に切って、190℃に温めたオーブンで10～12分焼く。好みでメープルシロップやバターを添える。

p.48　漬け物ぎょうざ

材料（小さめ20個分）

白菜の漬け物（酸味のあるもの）　200g
豚ひき肉　120g
大葉　10枚
ぎょうざの皮　小20枚
しょうがのせん切り　1片分

A
片栗粉、オイスターソース、ごま油　各大さじ1
塩　小さじ¼
こしょう　少々

水溶き薄力粉　適量
ごま油　少々

1　白菜の漬け物は、粗みじんに切り、水けをしぼる。
2　ボウルにひき肉とAを入れ、よく混ぜ合わせる。

3　2に1としょうがを加えて、さらによく混ぜ合わせる。
4　ぎょうざの皮に半分に切った大葉をのせ、その上に3をのせて、水溶き薄力粉で口をとじる。
5　フライパンにごま油を熱し、ぎょうざを並べ、熱湯（分量外）を高さ1cmほど加えてふたをし、2分ほど蒸し焼きにする。ふたをはずして焼き目がつくまで焼く。

p.49　柚子ゼリー

材料（小さめのもの1個分）
柚子　小1個
はちみつ　小さじ1
水　約½カップ（くり抜いた柚子の中身の分量）
粉寒天　1g

1　柚子は上1cmのところを横に切り、果肉を取り出して果汁をしぼる。皮は残しておく。
2　果肉と果汁、水、はちみつ、粉寒天を合わせてよく混ぜる。
3　小鍋に入れて火にかけ、沸騰したら、混ぜながら弱火で1分煮る。
4　柚子の皮に流し入れ、冷蔵庫で冷やし固める。

p.52　えびワンタン

材料（30個分）
むきえび　200g
ワンタンの皮　30枚
A　片栗粉、酒、しょうゆ　各小さじ1
B　豚ひき肉　80g
　長ねぎのみじん切り　10cm分
　しょうがのみじん切り　小さじ½
　しょうゆ　小さじ½
　ごま油　小さじ1
　塩　小さじ¼
C　しょうがの薄切り　4～5枚
　ごま油　適量
　塩　少々
ごま油　少々

1　むきえびは下処理し、きれいに洗い、水けをふく。
2　1を包丁でつぶし、Aをもみ込んで下味をつける。
3　Bを加えて粘りが出るまでよく混ぜ合わせ、ワンタンの皮で包む。
4　Cを加えた熱湯でワンタンを2分30秒ほどゆでる。器にゆで汁ごと盛りつけ、ごま油をまわしかける。

p.53　桃とラズベリーのスープ

材料（1人分）
桃（熟した、冷えたもの）　1個
ラズベリー（冷凍）　12個
赤ワインビネガー　小さじ1

1　桃は種と皮を取り、一口大に切る。
2　飾り用に桃1切れとラズベリー3個を残し、それ以外のすべての材料をミキサーにかける。
3　器に流し入れ、飾り用の桃とラズベリーを刻んで盛りつける。

p.53　アボカドディップ クラッカー添え

材料（作りやすい分量）
アボカド　1個
バジル　10枚
カシューナッツ
（ローストしたもの）　20g
レモン汁　小さじ½
オリーブオイル　大さじ1½
塩、こしょう　各少々
クラッカー　適量

1　アボカドは種を取り、皮をむく。
2　クラッカー以外の材料をフードプロセッサーに入れ、なめらかになるまで撹拌する。器に盛り、クラッカーを添える。

p.68　ベリーと白ワインのゼリー

材料（直径18cmのドーナツ型）
ミックスベリー（ブルーベリー、ラズベリー、いちごなど）　300g
白ワイン　250mℓ
はちみつ　大さじ2
粉ゼラチン　10g
水　50mℓ
スペアミント　適量

1　粉ゼラチンと水を混ぜ合わせ、湯煎にかけて溶かす。
2　白ワインの半量、はちみつ、1を小鍋に入れて火にかけ、ひと煮立ちさせる。
3　ミックスベリー、残りのワインを加えてよく混ぜ合わせ、型に流し込んで、冷蔵庫で冷やし固める。
4　型から出して器に盛り、スペアミントを飾る。

p.69　玄米ちらし寿司

材料（2人分）

温かい玄米ごはん
　茶碗約2杯分（300g）
油揚げ　1枚
菜の花　1束
きゅうり　½本
大葉　5枚
白いりごま、紅しょうが　各適量

A｜だし汁　1カップ
　｜しょうゆ、みりん　各大さじ1
米酢　小さじ2

1　油揚げは熱湯をかけて油抜きをし、みじん切りにする。
2　鍋にAと油揚げを入れ、汁けがなくなるまで煮る。
3　菜の花は塩ゆでにし、食べやすい大きさに切る。
4　きゅうりは薄い小口切りにし、塩少々（分量外）をふって少しおき、水けをしぼる。
5　玄米ごはんに米酢を回しかけ、切るように混ぜ、2の油揚げ、いりごま（仕上げ用に少し残す）を加え、よく混ぜる。
6　器に盛り、菜の花、塩もみきゅうり、ちぎった大葉、紅しょうがを飾り、残ったいりごまを散らす。

p.72　レモンとアーモンドのパスタ

材料（2人分）

リガトーニ　120g
レモンとアーモンドのソース（下記参照）　大さじ5
塩　適量
こしょう　少々
パルミジャーノ・レッジャーノ（好みで）　少々

1　塩を加えた熱湯でパスタをアルデンテにゆでる。
2　レモンとアーモンドのソースとパスタをよく和え、こしょう、すりおろしたチーズを加える。
⇒レモンとアーモンドのソース（作りやすい分量）：レモン（無農薬）1個は、くし形切りにし果汁をしぼる。皮は包丁で細かく刻む。ローストしたアーモンド70g、ディル3～4本、塩漬けケッパー20粒は、粗みじん切りにする。すべての材料を合わせ、塩小さじ½、オリーブオイル½カップを加えてよく混ぜ合わせる。冷蔵庫で2週間保存可能。

p.72　いちごとかぶのナムル

材料（作りやすい分量）

いちご　10粒

かぶ（小）　3個

塩　少々

A　米酢、ごま油　各大さじ1

花椒《ホアジャオ》、粉唐辛子　各少々

1　かぶは皮をむいて一口大に切り、塩をふって軽くもみ、30分ほどおく。

2　いちごはへたを取り、半分に切る。

3　ボウルに水けをふいたかぶ、いちご、Aを入れてよく和える。

p.83　ジンジャーブレッド

材料（18×8×高さ6cmのパウンド型1台分）

A　黒糖（粉末）　80g

米油　大さじ4

豆乳　150mℓ

B　薄力粉　100g

全粒粉　60g

アーモンドプードル　40g

シナモンパウダー　小さじ1

ベーキングパウダー　小さじ2

塩　ひとつまみ

C　しょうがのせん切り　30g

くるみ（ロースト。

粗みじん切りにする）　40g

粉糖（好みで）　少々

クロテッドクリーム（好みで）　適量

1　ボウルにAを入れて泡立て器でよく混ぜ、豆乳を少しずつ加える。

2　合わせたBをふるい入れ、ゴムべらでさっくりと素早く混ぜる。

3　粉けが少し残っている状態でCを加え、さっと混ぜる。

4　オーブンシートを敷いた型に入れて平らにならし、170℃に温めたオーブンで40分ほど焼く。

5　熱いうちに型から外し、オーブンシートを取り、ラップに包む。食べるときに好みで粉糖をふり、クロテッドクリームを添える。

p.85　青菜のカシューナッツ和え

材料（作りやすい分量）
小松菜、春菊　各１束
カシューナッツ（ロースト）　60g

A｜しょうゆ、きび砂糖
　　各大さじ１½

1　小松菜と春菊は塩ゆでし、4cm長さに切り、水けをしぼる。
2　すり鉢にカシューナッツを入れ、細かく砕く。
3　２にAを加え、粗めのペーストになるまでする。1を加え、よく和える。

p.87　カリフラワーのドリア

材料（2人分）
カリフラワーの粗みじん切り
　小½個分
玉ねぎの薄切り　¼個分
ごはん　茶碗１杯強
バター　20g
薄力粉　大さじ１
生クリーム　１カップ
グリュイエールチーズ、パン粉
　各適量
塩、こしょう、オリーブオイル
　各少々

1　鍋にバターを熱し、カリフラワー、玉ねぎを入れて炒める。
2　玉ねぎがしんなりし、カリフラワーがやわらかくなったら薄力粉を加え、よく混ぜ合わせる。生クリーム、ごはんを加えてひと煮立ちさせ、塩、こしょうで味をととのえる。
3　耐熱容器に入れ、チーズとパン粉をのせ、オリーブオイルを回しかける。
4　210℃に温めたオーブンで焼き色がつくまで８分ほど焼く。

p.91　サーモンとじゃがいものガレット

材料（径22cmのパエリアパン１個分）
じゃがいも　２個
サーモンの切り身　２切れ
薄力粉　大さじ１½
塩、こしょう　各少々
白ワイン　大さじ１
オリーブオイル　大さじ２
ライムまたはレモン　適量

1　じゃがいもは皮をむいて細切りにし、薄力粉をまぶしてよく混ぜる。
2　サーモンは皮、骨を取り除いて一口大に切り、塩、こしょうをふって、白ワインを回しかける。
3　パエリアパンにオリーブオイルを熱し、じゃがいもの半量を全体に広げる。上にサーモンを散らし、その上に残りのじゃがいもを広げる。
4　サーモンに火が通り、じゃがいもがカリッとするまで両面を焼く。あればライムまたはレモンを添える。

p.96　ズッキーニと卵のサラダ

材料（作りやすい分量）
ズッキーニ　1本
温泉卵　1個
アンチョビ　15g
オリーブオイル、白ワインビネガー　各大さじ1
ディル　少々

1　ズッキーニは、薄い輪切りにし、冷水にさっとつけ、水けをきる。
2　1を器に盛り、温泉卵をのせる。
3　アンチョビは細かく刻み、オリーブオイルとビネガーをよく混ぜ合わせ、2にかける。ちぎったディルを散らす。

p.96　かぼちゃのポタージュ

材料（3～4人分）
かぼちゃ　500g
玉ねぎ　1個
セロリ（葉のついた上の部分）　½本
トマト　大1個
ローリエ　1枚
ディル、イタリアンパセリ　各適量
オリーブオイル　大さじ2
塩、こしょう　各少々

1　かぼちゃは蒸して皮を取り除き、一口大に切る。
2　玉ねぎとセロリの茎は薄切りに、セロリの葉とトマトはざく切りにする。
3　鍋にオリーブオイルを熱し、玉ねぎとセロリの茎と葉を炒める。しんなりしたら、かぼちゃ、トマト、ローリエ、ディル、ちぎったイタリアンパセリ、水1½カップ（分量外）、塩ひとつまみを加える。
4　沸騰したら弱火にし、かぼちゃとトマトの形がなくなるまで煮込む。
5　粗熱を取り、ミキサーでなめらかになるまで攪拌し、再び鍋に戻し入れて火にかけ、塩、こしょうで味をととのえる。
6　器に盛り、ちぎったイタリアンパセリやディルを散らす。

p.100 さわらのねぎソース

材料（2人分）
さわら　2切れ
A｜長ねぎのみじん切り　¼本分
　｜白いりごま　少々
　｜しょうゆ、きび砂糖、米酢　各大さじ1
塩、こしょう、片栗粉　各少々
ごま油　大さじ1

1　Aの材料をよく混ぜ合わせておく。
2　さわらは3等分に切り、塩、こしょうをふり、片栗粉をまぶす。
3　フライパンにごま油を熱してさわらを入れ、火が通るまで両面を焼く。
4　混ぜ合わせたAを加え、汁けがなくなるまで加熱して、さわらにからめる。

p.104 ビスキュイサボワ

材料（直径15×高さ12cmのサボワ型1台分）
卵（Lサイズ）　3個
きび砂糖　100g
薄力粉、コーンスターチ　各50g
バター（室温にもどしておく）　適量
粉糖　適量

1　型にクリーム状にしたバターを塗り、きび砂糖少々（分量外）をまぶして冷蔵庫で冷やしておく。卵は卵黄と卵白に分けておく。
2　ボウルに卵黄を入れてほぐし、きび砂糖の⅓量を加えてハンドミキサーでもったりと白っぽくなるまで混ぜる。
3　薄力粉とコーンスターチを合わせてふるい入れ、泡立て器で素早く混ぜる。
4　別のボウルに卵白を入れ、ハンドミキサーで五分立てになるまで泡立てる。残りのきび砂糖を少しずつ加え、つやのあるメレンゲにする。
5　3に4の⅓量を加えて、泡立て器でよく混ぜる。
6　ゴムべらで4の⅓量を加え、さっくりと混ぜ合わせる。残りも加え、さっくりと混ぜ合わせる。
7　型に流し入れ、170℃に温めたオーブンで45分ほど焼く。
8　焼き上がったら、型からすぐに外して粗熱を取り、粉糖をふる。

p.104　フルーツのビネガーマリネ

材料（作りやすい分量）
いちじく　3～4個
プルーン　8個
ぶどう　½房くらい
ローズマリー　2～3本
白ワインビネガー　大さじ1
はちみつ　大さじ1

1　果物は食べる30分～1時間前に冷蔵庫に入れて冷やす。食べやすい大きさに切る。
2　すべての材料をよく混ぜ合わせる。

p.108　豚肉と豆腐の黒酢煮込み

材料（2～3人分）
豚ばら肉（かたまり）　400g
木綿豆腐　1丁
万願寺唐辛子　8本

塩、こしょう　各少々
ごま油　適量
A｜黒酢、しょうゆ　各大さじ1
　｜花椒《ホアジャオ》　少々
　｜水　4カップ
　｜赤唐辛子　1本

1　豚肉は食べやすい大きさに切り、塩、こしょうをふる。
2　鍋にごま油を熱し、豚肉を焼く。焼き色がついたら合わせたAを加える。
3　沸騰したら火を弱め、豚肉がやわらかくなるまで煮込む。
4　食べやすい大きさに切った豆腐、万願寺唐辛子も加え、汁けが少なくなるまで煮詰める。

p.108 刺し身ときゅうりのすだち和え

材料（2～3人分）
鯛の刺し身　1さく
きゅうり　2本
大葉　2～3枚
すだち　1個
塩　少々
A｜米酢　小さじ½
｜ごま油　大さじ1
｜塩　少々

1　鯛はそぎ切りにし、塩をふって15分ほどおき、余分な水分をふき取る。
2　きゅうりは皮をむき、乱切りにする。大葉は適当な大きさにちぎる。
3　ボウルに1、2、すだちの果汁とすりおろした皮、Aを入れてよく和える。

p.108 あさりと桜えびの焼きビーフン

材料（2～3人分）
ビーフン（乾燥）　130g
あさり（砂抜きしたもの）　200g
桜えび（乾燥）　5g
セロリ　½本
紫玉ねぎ　¼個
黄にら　1束
しょうがのせん切り　½片分
ごま油　大さじ2
紹興酒または酒　大さじ3
オイスターソース　大さじ1
塩、こしょう　各少々

1　ビーフンはぬるま湯につけてもどし、水けをきる。
2　セロリ、紫玉ねぎは薄切りに、黄にらは3cm長さに切る。
3　フライパンにごま油を熱し、しょうが、桜えび、セロリ、紫玉ねぎを入れて炒める。
4　全体に油が回ったら、あさり、紹興酒、ビーフンを入れてふたをする。
5　あさりの口が開いたらふたを外し、オイスターソース、塩、こしょうで味をととのえる。
6　黄にらを加えて混ぜ合わせ、火を止める。

中川 たま

1971年兵庫県生まれ。料理家。神奈川県・逗子で、夫と大学生の娘と3人暮らし。自然食品店勤務後、ケータリングユニット「にぎにぎ」を経て、2008年に独立。地元・逗子を中心にイベントやワークショップを開催。季節の素材を使ったセンスあふれる料理が人気。著書のほとんどのスタイリングを自ら手がけ、その料理同様、洗練された器選び、盛りつけ、テーブルコーディネートに定評がある。著書に『少ない材料で、簡単に作れる　たまさんちのおおらかなおやつ』(家の光協会)、『デイリーストック　朝、昼、晩 日々の料理の味方』(グラフィック社)、『季節を慈しむ保存食と暮らし方暦の手仕事』(日本文芸社)などがある。
インスタグラム
https://www.instagram.com/tamanakagawa/

※本書に掲載の情報は2020年5月現在のものです。また、器の値段は著者が購入したときの記憶をもとに掲載しており、あくまで目安とご了承ください。

おいしく見える器の選び方・使い方
器は自由におおらかに

2020年7月20日　第1版発行

著　　者　中川たま
発 行 者　関口 聡
発 行 所　一般社団法人 家の光協会
〒162-8448　東京都新宿区市谷船河原町11
電話　03-3266-9029(販売)
03-3266-9028(編集)
振替　00150-1-4724
印刷・製本　図書印刷株式会社

ブックデザイン　福間優子
撮影　邑口京一郎
編集　小島朋子
校正　安久都淳子
DTP制作　小林 亮

ISBN978-4-259-56656-2　C0077